The Everything Parent's Guide to Children with Executive Functioning Disorder

提升孩子的执行功能

——成为大脑的管理大师

[美] 丽贝卡·布兰斯特德 著
(Rebecca Branstetter)
赵雪莲 译

中国轻工业出版社

图书在版编目（CIP）数据

提升孩子的执行功能：成为大脑的管理大师／（美）丽贝卡·布兰斯特德（Rebecca Branstetter）著；赵雪莲译．—北京：中国轻工业出版社，2022.2（2025.12重印）

ISBN 978-7-5184-3609-5

Ⅰ．①提…　Ⅱ．①丽…②赵…　Ⅲ．①家庭教育

Ⅳ．①G78

中国版本图书馆CIP数据核字（2021）第174199号

责任编辑：刘　雅　　　　责任终审：张乃柬

文字编辑：朱胜寒　　　　责任校对：吴维斌

策划编辑：刘　雅　　　　责任监印：刘志颖

出版发行：中国轻工业出版社（北京鲁谷东街5号，邮编：100040）

印　　刷：三河市鑫金马印装有限公司

经　　销：各地新华书店

版　　次：2025年12月第1版第5次印刷

开　　本：710×1000　1/16　印张：17.75

字　　数：140千字

书　　号：ISBN 978-7-5184-3609-5　定价：72.00元

读者热线：010-65181109

发行电话：010-85119832　010-85119912

网　　址：http://www.chlip.com.cn　http://www.wqedu.com

电子信箱：1012305542@qq.com

252025Y2C105ZYW

译者序

由于本人从事教育行业，周围的家长朋友会经常前来咨询孩子的教育问题。一般，我会先问他们一个问题："你期望孩子成为一个什么样的人呢？"对于这个问题，大部分家长的答案都很模糊。于是，我会继续问："那你总希望孩子成为一个靠谱的人吧，能让你放心的，对吧？"

然而，简简单单的"靠谱"二字，其实要求一个人具备非常多的能力，而这些往往就是个体在学校以及社会中获得成功的关键技能。比如，"靠谱"的人是有时间管理能力的，他们能够在规定时间内完成任务；他们能够控制自己的情绪，不会时不时崩溃；他们有较强的专注力，不会因为注意力老是分散而出现问题；他们做事情和思考的方式是灵活的，遇到走不通的"路"会去想是否有其他解决办法；他们能够主动开始一项任务并最终完成任务，不会经常迟迟不动手或者半途而废；他们能够抑制自己的冲动行为或想法；他们需要有不错的记忆力，不会刚说过就忘记；另外，他们还需要有组织能力和排列优先顺序的能力，这样才能够顺利地同时完成多项任务。而我刚刚列举的这些正是"执行功能"。

通常，在我列举完这些技能后，家长朋友就会不好意思地咧咧嘴说："好多条我自己都做不到呢。"正是如此。你会发现，周围有一些人的工作效率非常高，做事情有条不紊，情绪也非常稳定，职位大多处于管理层，在学校的时候也过得一帆风顺。而有一些人做事情总是丢三落四，花了更久的时间和更多的精力却仍旧完成不了任务，情绪总是起伏不定，生活一地鸡毛，在学校的时候也总是挣扎于完成作业和考试任务。造成差异的原因，很大一部分是因为前者的执行功能技能要优于后者。

所以你看，千万不要轻易地责备孩子为什么那么简单的一件事情都做不了，认定孩子就是“不认真”“懒惰”或“笨”。在学习了“执行功能”这个概念后，相信你看孩子的视角会焕然一新。当你发现孩子总是丢三落四，完全没办法把自己的书包整理好时，与其徒劳地发火或不停地唠叨，不如思考是不是孩子的组织能力比较弱，自己可以提供哪些支持来帮助孩子改善。

如果你翻开了本书并读到了这里，那么我相信你对我们这本书讲述的“执行功能”是有极大兴趣的。不论是你想了解更多“执行功能”的具体技能进行自我提高，还是想知道如何给存在执行功能问题的孩子提供帮助，本书都能给你想要的答案。

如果你是一位家长，那么本书可谓“量身定制”。本书不仅可以给你的养育之路提供全新的思路，也能提供非常具体的专业策略。你不再埋怨和责备孩子为什么“不听话”和“做不好”，而是意识到孩子是需要帮助的。发现问题，才能解决问题。不仅如此，本书还能帮助你了解自己在执行功能上的强项和弱项。在了解自己的弱项后，你就可以寻求其他人的支持，来帮助你和孩子共同改善这些弱势技能。

如果你面对的孩子患有注意缺陷与多动障碍（Attention Deficit Hyperactivity Disorder, ADHD，俗称多动症）、自闭症谱系障碍（Autism Spectrum Disorder, ASD）、学习障碍、情绪障碍或者其他发展障碍，那么执行功能的干预策略与这些障碍的干预策略是需要彼此结合的。执行功能的干预能大大提高儿童的成长速度。

我认为，了解和学习“执行功能”这个概念是每个人自我认识和自我成长的关键一环。有太多人在听到我解释的“执行功能”后恍然大悟，感叹“原来是这样”。我希望这本书能给更多人带来这样的体验。

赵雪莲

致读者

亲爱的读者：

小时候，我非常喜欢学校和学习，甚至到了周末还在玩“假扮上学”的游戏。于是，现在我选择成为一名学校心理咨询师，期望自己能够帮助那些不像我那么爱学校和学习的学生。我的主攻方向是，帮助那些在组织性、专注力和坚持完成任务（“执行功能”，获得成功的一组关键技能）上存在困难的学生。

作为一名心理咨询师，我可以告诉你，这本书包含了近年对执行功能的新研究结果。我知道，对于家长来说，只有提供了能够在家里立即尝试的实际策略时，研究才是有用的。我期望这本书不仅能够让你对执行功能有更充分的理解，还能提供诸多实用的工具。

在你读完这本书后，你的孩子可能并不会立刻就在周末玩“假扮上学”的游戏，但是我希望这至少能让你的养育变得稍微轻松一些。当你感到疲劳、沮丧和束手无策时，养育孩子会非常艰难。但是，养育也可以是一段美妙的旅程，只要我们坚持不懈地给孩子播撒成功的种子，他们终将成长！每一位家长，我衷心期盼你们的养育之路一切顺利！

丽贝卡·布兰斯特德（Rebecca Branstetter）

前　言

如果你选择拿起这本书开始翻阅，很有可能是因为你被告知孩子存在执行功能的困难，或者因为你曾听说过“执行功能”这个教育学术语并很好奇它到底是什么。不管出于哪种缘由，本书都是你的最佳选择。

每个儿童都有各自的优势和弱势。对于一些儿童来说，阅读简直是如鱼得水；也有一类儿童在计划、组织、自律、自我控制和时间管理上无师自通。而在另一边，有些儿童在阅读或者执行功能任务上需要额外的支持，他们需要更密集的干预才能像其他同学那样获得成功。好消息是，通过本书，你可以学习许多策略，它们可以帮助那些在执行功能上存在困难的儿童及青少年。

每个儿童的学习和成长速度都不一样，认识到这点可以帮助家长变得更有耐心。如果你的孩子总是丢三落四，忘记把你花了好几个小时帮他完成的家庭作业交上去，或者经常把任务拖到最后一刻，你当然会时常感到无比沮丧。但是你要记住，没有一个孩子想让父母失望。很多时候，这个问题并不在于动机，而是他们缺乏成功所需的技能。通过本书，我希望能帮助你更好地了解如何为孩子掌握执行功能技能设定标准，以及采取哪些实践策略来帮助他们达到标准。那么，让我们开始吧！

目　录

第一章

执行功能是什么

首先，执行功能听起来像是属于董事会的用语。可能“执行”这个词给人们的印象是，一个人完成所有任务并获得成功，这些任务包括管理时间、组织、在需要的时候改变进程、拟订策略，以及提前筹谋。但是，本书并不是在教孩子成为大型企业的下一任首席执行官，而是希望教会孩子如何成为学习的首席执行官。

定义执行功能

在执行功能上有困难的儿童和青少年经常被形容成“懒惰”“忘性大”“不能坚持”或“迷惘”。这些困难导致他们经常在课堂上出现很多问题，比如忘记交作业、粗心大意，以及很难跟上班级的节奏完成任务等。他们可能经常丢东西，记不住流程，不能完成家务，或者出现不符合情境的过度情绪反应。执行功能的困难也会影响他们的社交关系。比如，如果一个孩子忘记与朋友的约定，不加思考地说话，丢失了借来的iPod[1]，或者每次都迟到，那么他的友谊势必存在不少问题。好消息是，让这些儿童感到困难的技能都是可以教授、学习的。而帮助有执行功能困难的儿童的第一步就是，彻底理解这个术语的意义，包括它涉及的具体技能。

在关于学习的心理学研究中，执行功能存在许多正式定义。总的来说，这些定义一致认为，执行功能技能是指调节思维、感受和行为以达成目标所需的全部认知技能。重要的是，其他所有认知过程也都需要执行功能技能，例如记忆、注意力、动作技能、言语表达、视觉化和完成学习任务等。调节情绪也需要用到执行功能技能。换句话说，如果大脑是学习和自我调节的引擎，那么执行功能就是引擎的驾驶员。

1 英文全称“internet portable audio device”，中文名称“苹果播放器”。它是苹果公司设计和销售的系列便携式多功能数字多媒体播放器。（如无特别说明，本书的脚注均为译者注。）

要点

如果孩子的老师或其他相关专业人士告诉你，孩子可能存在执行功能困难，那么你应该详细询问他在哪些方面存在困难。很可能，只有某些执行功能技能需要得到针对性教学而不是所有。详细询问可以帮助你和专业人士同步制订针对性干预策略，为孩子提供更好的帮助。

执行功能技能的定义通常包含以下几个基本组成部分。

- **发起任务**：停止正在做的事，开始一项新任务。
- **反应抑制**：为了达成目标，控制自己不冲动行事。
- **专注**：引导注意力，保持专注，并在完成任务时管理会让自己分心的事。
- **时间管理**：理解并感受时间的流逝，制订计划，有效地利用时间，避免拖延。
- **工作记忆**：将信息在脑海中保留足够长的时间，以便加以利用（记住、处理和执行）。
- **灵活性**：能够在变化的状况中转变想法并调整计划。
- **自我调节**：能够反思自己的动作和行为，为实现目标做出必要改变。
- **情绪的自我控制**：管理情绪并反思，避免自己做出冲动行为。
- **完成任务**：维持注意力和能量水平，直到任务结束。
- **组织力**：记住并保管好所属物（私人物品、学校作业），维持私人空间的秩序。

在过去的二十年里，执行功能的研究出现了爆发式增长，其中大部分都涉及脑神经科学。与计划、组织、注意力转换、问题解决和自我控制等执行功能相关的脑区是前额叶皮质，或者说大脑额叶。重点是，家长需要了解一个事实，前额叶皮质会持续发展直至成年早期。在儿童发展中，执行功能是最晚才能完全成熟的领域之一。因此，你不应该期望还在上学的儿童和青少年拥有完全的执行功能技能。负责执行功能的脑区也处于持续发展的状态中。了解这一事实能够帮助家长和教师更有耐心地对待在这些领域有困难的学生。

事实

功能性磁共振成像（functional magnetic resonance imaging，fMRI）是一项神经科学家用来探测活动时血液流向哪些特定脑区的技术。这样，科学家就能看见计划、抑制和问题解决等任务主要发生在哪些脑区。这项技术给科学家提供了一张核心执行功能技能的大脑“地图”。

成为家长：执行功能的终极考验

为了更好地了解孩子的执行功能技能，你可以思考自己在生活中是如何使用执行功能的。有时候，家长可能觉得自己像是整个家庭的首席执行官，他们需要组织规划，在需要的时候转变计划，把想要做的事情放下，先做重要的事情，为现在甚至未来制订计划。实际上，用来管理家务事的技能与你希望孩子发展的执行功能技能非常类似。

要点

了解自己的执行功能的强项和弱项。了解强项有助于有目的地教孩子你已经掌握的技能。知道自己的弱项也有好处，这样你就能寻求他人的支持，帮助你和孩子共同改善这些具体技能。

比如，在计划一次家庭旅行时，你首先会做什么？你会让一家人突然在某天早上坐上车毫无方向和计划地出发去旅行吗？肯定不会，除非你们是一个非常本能和冲动的家庭！你可能会先和家庭成员讨论想要去的地方，根据价格、天气和可行性缩小选项，查看每个人的日程确定是否都有时间。出行前几周，你可能会打电话给住在目的地附近的朋友，告诉他们你想要前去拜访。你可能会搜索如何开车或者坐飞机前往目的地，安排照顾宠物和房子的人员，请假，提早做一些工作项目避免旅游回来会积压大量工作。你可能会为旅游准备一些钱，或者用信用卡支付并在内心计划着以后的还款。随着旅游日期的临近，你可能会列一张需要携带的物品清单，在出发前一两天开始收拾行李。所有这些计划、组织、提前思考和预估技能都属于执行功能。它们是达成目标的精神路线图和旅行指南。不论你是否意识到，你每天都会用到执行功能。

大脑的管理者

在向儿童解释执行功能的时候，使用比喻可能会有帮助。让孩子想象在大脑的前端部分（指前额叶）有一个小人儿，他就是大脑的管理者。管理者会告知大脑应该注意什么，先做什么，记住什么等。儿童和青少年都喜欢成为管理者掌控一切，因此当你告诉孩子，他现在成为了规划科学项目的管理者时，事情会进展得比让孩子“负责”规划科学项目更顺利。

当孩子在某些执行功能上的发展滞后时，你也可以进一步使用“管理员”的类比进行解释。比如，如果孩子忘记完成一部分家庭作业，你可以说，“看起来你大脑里的管理员正在休息呢！我们一起重新看一下这些指示吧”。一些儿童和青少年对反馈比较敏感，而这是一种提示他们存在的困难的友好方式。你还可以使用类比来表扬孩子使用执行功能技能（例如,“哇！你刚刚整整 20 分钟都专注在数学作业上！你大脑里的管理员今天真的在很努力地工作呢！”）。

事实

使用比喻能够很好地帮助儿童理解执行功能等复杂概念。可以根据孩子的兴趣，找到适合的比喻或形象。比如，如果你的孩子喜欢火车，你可以说："就像火车要开上一段陡峭的轨道那样，在开始做家庭作业前，你需要一些时间。不过，一旦你开始做了，速度就很快，完成得也很好！"

"平稳的水手"对比"摇晃的小船"

每个儿童的成长和学习速度都不一样。有些孩子的学习速度非常快，而有些孩子则需要成人更多的引导。用阅读打个比方：一些孩子在很小的时候就开始阅读了，很多时候没有太多的教导；一些孩子在阅读指导中培养出了目标性阅读技能；还有一些孩子则需要更明确和更专业的教学、引导和练习才能成为流利的阅读者。同样的原则也适用于执行功能的习得。通过学习如何自我调节、自我监督和独立工作，这些孩子能够平稳前行。

对于"平稳的水手"而言，他们有怎样的发展才能够轻松领悟执行功能任务？这类孩子在学习新事物时确实需要提醒，但是几次之后，他们就能理解流程，需要的提示也越来越少。在解决问题时，他们可能做出创新。在面对一项新任务时，他们可能会自发性地想出一个更快、更好或更新的问题解决方法，完全不需要成人太多的指导。为了完成任务（比如，家庭作业或家务），他们能够把诱惑（电视、Facebook[1]、YouTube[2]、出去玩）放在一边。当然，即使是最平稳的水手也需要成人的干预才能获得成熟的技能以完成任务，例如，记住家务事，很好地完成家庭作业，提前计划长期的项目和考试，为了专注在项目上而隔绝所有干扰物，合理表达自己的感受而不是肆意

1 视频网站，中文名称为"脸书"或"脸谱网"。

2 视频网站，中文名称为"优兔"或"油管"。

宣泄。比起在执行功能上存在困难的孩子来说，他们只是需要的支持更少而已。此外，他们通常也能从错误中学习，并将策略归档以便下次使用。

警示

有时候，儿童将自己描述为“懒惰”，这看起来更像一种稳定的人格特质。你可以通过将“懒惰”重新引导为一种场景化的解读（比如，“今天你在完成数学作业的时候，觉得自己有点懒惰”），或者提供对立的证据（比如，“你不是一个懒惰的人，你昨天在拼写考试中很努力，拿到了A，记得吗？”）来消解这种信念。

与之相对，有些孩子似乎一直在划着“摇晃的小船”。不管你提醒多少次，他们还是会忘记。他们总是一通猛干，状态起伏很大。可能这周他们能够掌控任务，而下一周他们就开始丢东西，陷入僵局，或者开始拖延。他们可能会对新策略的提议非常兴奋，尝试一会儿后就失去了动力，重新使用那些无效的策略。他们似乎无法帮到自己，经常对自己的表现感到失望。他们总是希望能够做得更好，但又觉得自己没有能力做到。有时候，他们很容易放弃。他们需要很多成人的干预才能完成其他手足或朋友能独立完成的任务。

养育“摇晃的小船”

即使你一直都是一个非常有耐心的人，养育“摇晃的小船”也可能让你心生厌烦。你会发现，那些看起来是常识的部分却正是有执行功能困难的儿童所缺乏的技能。当孩子花了整个周末做一个项目时，你觉得他肯定能记得周一把项目带去学校，但如此显而易见的事情他却没有做到，你对此感到十分沮丧。当你知道只要孩子集中注意力，这件事情就能在10分钟里完成时，你就会难以置信孩子最终花了 2 小时。其中部分是因为，家长忘记了自己在学习有挑战的新事物时是什么样子的。对于有执行功能困难的儿童来说，开始一项任务并保持专注非常困难。为了让你对孩子有更多的共情和耐心，你可以回想自己上一次不得不学习新事物或者完成一项有挑战的任务时的感受，比如学习数字录像机编程、修轮胎、学习新计算机程序，或者读一份复杂的税务文件。学习新的或有难度的事物可能会让人受挫。如果有人在学习过程中帮助你，你可能就不会那么沮丧。但如果有人站出来告诉你，只需要花 10 分钟就能完成，让你赶紧做完，你可能会更受挫。

那么，当你的孩子还在那些已经不新的任务或流程中挣扎时，你该怎么解释呢？为什么他就是记不住流程呢？你发现自己可能会说"我本来不必提醒你做这个！我们每天都在做！"，而事实是，如果你的孩子存在执行功能困难，那么即使是日常的和流程性的任务，对他而言也都是挑战。你可以想想自己一直想要改变的某个习惯，比如戒烟或多锻炼。你会发现这非常难改。江山易改，本性难移。即使你知道怎么做，这些挫折也难以避免。

学习执行功能技能有点像学习新菜谱。第一次，你必须提前准备，通过阅读说明，收集配料，可确保有恰当的工具和足够的时间进行料理，仔细定量，以及梳理料理步骤。第二次做相同料理时，你的速度会更快，但是仍然需要参考菜谱。第三次，你可能记住了菜谱，但还需要查看一下，以确认是 1/2 茶匙还是 1/2 汤匙。再做几次后，你或许就能熟记菜谱，像本能一样迅速做完料理。你甚至能够在不毁掉料理的情况下尝试改动菜谱。你的孩子可能只是需要比其他人多练习几次而已。他可能在细节上（是茶匙而不是汤匙）需要多几次提示。他可能会犯错，但是你可以给他提示，让他在每一次的练习中都做得更好。当流程或"食谱"需要改变时，你可能需要重新引导孩子梳理整个流程，明确告知流程在大部分时候是一致的，但有时候也会有区别。这里教授的是适应性。

教授孩子内化流程，比如整理床被、打扫房间、完成作业、整理上学物品，或者在周末时记得运动或活动装备，这个策略的基础在于示范、重复和一致性。每天早晨送孩子出门，或者回家后让孩子尽快完成家庭作业，是许多家长痛苦不堪的时刻。实际上，家长需要退后一步，问自己："我正在教孩子什么技能来让他独立呢？" 如果你只是每天早晨帮孩子收拾上学需要的东西，好让自己按时出门，那么你在本质上教的是：只要他早上偷懒，爸爸或妈妈就会全部包办了。

所以，该如何培养孩子的独立性和执行功能技能呢？显而易见，第一步是搞清楚你特别想培养孩子的哪些具体技能。接下来，你可以设定目标以深入教授这些技能。有时候，家长在尝试改变行为时，把初始目标定得过于远大。如果你在思考做出改变，比如减肥，可以从小目标开始（比如，买脱脂牛奶而不是全脂牛奶，在午餐时间散步 15 分钟）。积少成多，聚沙成塔。为了帮助孩子学习或改进执行功能技能，你可以从以下几方面着手。

示范

示范是指你成为孩子优秀模范的过程。孩子会通过观察你进行学习。学步儿童的家长知道，孩子会重复自己说的任何话，想要尝试自己做的所有事情。但你必须向他们展示且同时描述事情是如何进行的。只告诉他们过程而不进行展示并不能达到效果。不仅学步儿童会从示范中受益，所有孩子都可以。即使是成人也能从观看某人顺利完成一项任务中受益。网上的那些教学视频就是这个原理。你可以通过观看他人的展示，学习很多不同的东西，而且有时候，看某人做某事比阅读说明或者在没有指导的情况下自己尝试更简单。

重要的是，孩子也能通过观察成人和其他儿童学习不好的行为。阿尔伯特·班杜拉（Albert Bandura），一位著名的心理学家，在 20 世纪 60 年代早期做了一系列标志性研究，被称为"波波玩偶（Bobo Doll）"实验。在这些研究中，他让儿童通过一面单面镜观察其他儿童在游戏室中玩耍的情境。当儿童观察到其他儿童的攻击性游戏情境（捶打一个放大的小丑玩偶——"波波玩偶"），他们更有可能在轮到自己的时候也采用攻击性的玩法，尤其当他们听到一个孩子因此获得表扬后。这种学习类型被定义为"社会学习"，也就是通过观察他人进行学习。

因此，如果你经常在早晨像疯了一样到处乱跑，拼命找自己的钥匙、钱包或外套，总是迟到，那么你的孩子可能会学习到早晨就是这样的。如果你总是把物品放在固定的地方，并描述自己的组织策略（例如，“我现在把钥匙放在钥匙架上，把钱包放在柜子里，这样我就知道它们在哪儿了”），你的孩子就更有可能理解，当物品都有安置的地方，或者物品每次都能回“家”时，遗失的可能性会大大减少。

尤其在面对幼龄儿童时，示范是最佳的教学策略之一。在孩子面前大声自言自语看起来可能会比较傻，但这是帮助他们理解每个人都会用“自言自语”的方式来调节行为的好方法，并且能让他们意识到，我们在行动时仍然在不断地思考。有执行功能困难的儿童和青少年通常缺乏引导自己完成任务和活动的内部自我对话。给他们所需的步骤脚本，再加上展示和示范，你就能教会他们“自我对话”这项极为重要的策略。

重复

你可能已经听说过这句名言——“重复是学习之母”。对比其他人，在执行功能上存在困难的儿童和青少年需要重复的次数更多。他们需要经常重复流程、提醒流程，在如何将复杂任务分解为一系列有逻辑、可掌控的任务上需要更多解释。

警示

> 重复和唠叨之间存在区别。重复通常在问题发生之前作为一种提示进行传达，而唠叨一般在问题已经出现之后传达。重复是在每天做家庭作业之前说“记得我们的规则，做作业的时候手机要关机”；而唠叨是“放下手机，赶紧去写作业！”。

有执行功能困难的孩子需要他人重复提醒遵守指令的次数远超于其发展阶段所需，这是养育他们的一大迷思（同时也十分令人挫败！）。当你给出一个指令后，比如“去打扫你的房间”或者“去准备吧”，孩子可能并不清楚“准备”或“打扫房间”具体是什么样子的。这也是为什么当你去检查进度时，你发现孩子在玩玩具而不是打扫。孩子可能缺乏打扫房间所需的内在任务清单。因此，除了重复打扫房间的步骤（把玩具收起来，干净的衣服放在抽屉里，脏的衣服放进篮子里，整理床被，把碗碟放回厨房等）之外，你还需要让孩子描绘任务完成后的样子。你甚至可以让孩子描述一个整洁的房间看起来是什么样子的，这样你就能了解孩子已经内化了“打扫房间”的哪些部分，还有哪些部分仍然需要提醒。

一致性

如果说“重复是成功之母”，那么一致性就是学习流程和规则之父。总的来说，在保持一致的情况下，儿童和青少年学习得更好。对于执行功能存在困难的儿童和青少年来说，一致性是必须的，因为他们经常在内化和遵守流程与指令上存在困难。如果规则和流程经常出现变化，那么他们记住这些的难度也就更大。

一致的流程

在执行功能上存在困难的儿童和青少年经常面临的一大挑战就是排序。他们做事情可能并不总是按照逻辑顺序进行。他们总是过于专注于某个细节或其中某个步骤，从而失去全局观，或者跳过必要的步骤。他们通常无法抑制在中途做点其他事情的冲动，或者拖延着迟迟不开始。如果你能为孩子难以排序设置一致的流程，你就能帮助他内化流程。当孩子能够内化流程，他所需的成人的指导就会变少，效率也会提高。

要点

不要不加判断就认为孩子没有在听，或者选择不听你的指令。实际上，孩子可能是没有能力处理指令，或者忘记了一部分指令。你可以让孩子向你重复指令，这样你就知道他是否掌握了内容。

如果你的孩子每天早晨准备出门时都一团糟，那么你可以和孩子共同制订一个流程。你也可以在上床睡觉的流程中加入选择明天出门着装的环节（如果孩子一定要到早上才能知道自己想穿什么，那你可以和孩子一起提前准备两套衣服以供选择）。你也可以将晨间任务分类，从而简化孩子需要记住事情的数量（学校的东西、个人卫生、食物）。每个分类只教两三件事（比如，“你的三个个人卫生任务是：梳头、刷牙和穿上干净的衣服”）。刚开始只教一个分类，直到孩子掌握为止。因此，你不必说“你有没有梳头发、刷牙、换内衣、穿衣服、收拾书本和同意书、拿好午餐、吃完早饭？”，你只需要说“你收拾了哪些学校的东西？你需要我帮你完成个人卫生吗？你有没有做两个食物任务（吃早餐和带午餐盒）？”简化的指令对有执行功能困难的儿童和青少年而言是有帮助的。而且，对晨间任务进行分类的美好在于，即使孩子在分类中需要的东西不一样，分类仍旧是一致的。

警示

保持一致性并不代表死板。一致性是指，你会按照自己说过的话来行事。而死板是指，即使情境需要，也不改变规则。重要的是，在规则改变时，给孩子一个逻辑解释。避免使用“我说过……”之类的理由，这会让孩子觉得你的规则是专断的。

一致的规则

对于家长来说，最困难的策略可能就是保持规则一致，尤其在疲惫不堪的时候。或者，在开始的时候可能对规则要求很严格，但慢慢就放松标准了。比如，你可能要求孩子必须做完作业才可以进行某项活动（比如，玩足球）。但之后，当然可能是因为某个原因，你打破了这个规则。比如，他在开始写作业前耗了太多时间，而你发现离足球练习只剩 15 分钟了，作业还没有完成。你会让他缺席足球练习吗？然后你就告诉自己，足球是释放孩子过剩能量、保持健康、学习团队合作的好方式，你不想孩子失去这个机会。但是，你又告诉自己已经有了规则，不应该打破。我相信，这个进退两难的局面只是家长所面临的无数选择中的一个。而这些两难的选择并不存在“正确”答案。总而言之，你应该问自己，打破规则是因为情境因素，还是因为习惯模式。如果是由情境导致的，那么稍微偏离一下流程并解释这是临时的改变是可以的。同时也要警惕，不要让它成为习惯。如果是习惯的问题（比如，你的孩子几乎每次都很晚才开始写作业），那么你可能需要寻找策略帮助孩子启动任务，或者改变你的规则让他既能完成家庭作业，又能从足球中受益。

事实

> 对儿童和青少年发展的研究显示，权威式养育（对比于独裁式或放任式）能够获得更积极的养育结果。当孩子拥有爱和限制时，他们在学校里做得更好，能拥有更好的人际关系，变得更有弹性、更顺利。

还有一个重点是，孩子的照料者之间应当保持一致。如果妈妈允许孩子在写作业的时候看电视，而爸爸不允许，那么有执行功能困难的孩子很容易被更宽松的条件吸引。与你的伴侣讨论规则，并为改变的状况制订计划。思考执行规则中可能面临的障碍，以及你们对此的应对策略。如果你不同意某个规则，就进行修订，直到你同意为止。另外，你应该知道，规则的执行态度很重要。如果规则是命令式的，且执行得毫无温度或逻辑，那么孩子一般都会倾向于打破规则。如果规则执行得比较松散，或者你因为想要保持与孩子平和温暖的关系而表现得比较宽容，那么孩子通常也不会遵守规则。最佳组合是权威型：温暖、理解和坚定的综合体。这听起来比较像是“今天不能去玩足球，我知道你很失望，但我们有一条规则是在玩足球之前一定要先完成家庭作业。也许明天我可以帮你早点开始写作业，这样你就能玩了”。

第二章

十大执行功能

把执行功能技能想象成许多不同技能的集合是比较恰当的。这些技能与支配自我调节的技能，或者根据心中的目标监督、评估和改变个体行为的技能均存在关联。本章概述了十项执行功能，能够帮助你了解希望针对性地改善孩子的哪些技能。在描述了每项技能之后，都有对应的清单，这样你就能对希望干预的领域做一个排序。花一点时间审视你的孩子，思考他是否在各项执行功能对应的不同领域存在挑战。你可以根据最让你或孩子感到焦虑或者最具挑战性的标准来排序。

发起任务

发起任务是指停止正在做的和开始其他任务。这个过程需要活动能量。对于存在执行功能困难的儿童而言，停止喜爱的活动并开始另一项活动（大多是不喜欢的活动）通常是颇有挑战的。实际上，即使没有执行功能困难的儿童（以及成人！）也可能存在上述问题。开始一项新任务的典型困难与极大挑战之间的区别在于任务转换的困难程度。普通的孩子可能会偶尔抱怨，磨蹭着不愿意去扔垃圾，或者青少年有时候会把学习任务拖到最后一刻才开始。而存在执行功能困难的儿童或青少年会长期显现这些行为模式。如果没有激烈的争吵或多次的提醒，他可能永远也无法开始做家务。他可能是一位长期的拖延症患者，以致总是需要牺牲睡眠时间来完成几个小时前就应该开始的任务。在发起任务上存在困难的儿童和青少年，必须借助他人的力量才能离开正在做的事情，他们似乎缺乏自己这么做的意志力。

你可以问自己以下几个问题来确定孩子在发起任务上存在困难的频率，标记出符合的选项。

- ❍ 到现在为止，你的孩子是否在独立开始任务时存在困难？
- ❍ 你的孩子是否会经常说“我不知道要从哪里开始！”之类的话？
- ❍ 你的孩子是否经常需要多次提醒和辅助才能开始任务？
- ❍ 你的孩子是否很难停下正在做的事情并开始新的任务？
- ❍ 你是否会用“拖延症”来形容你的孩子？
- ❍ 在被要求做一项不喜欢的活动后，你的孩子是否会频繁地抱怨并拖延？

如果你在三个或三个以上的选项中回答了是，那么你的孩子很可能在发起任务上有困难，而你需要对此进行干预。更多相关信息，请见第五章。

疑问

我怎么确认孩子究竟是存在发起任务的困难还是单纯的懒惰呢？

其实，发起任务的困难存在许多原因，比如难以理解任务，不知道从何开始，在视觉化任务的最终形态上存在困难，难以计划完成任务的整个过程，滞后的时间意识和管理技能，等等。对于存在执行功能困难的儿童，切换到新任务的过程并不是自动化的或无缝衔接的。与其把开始做任务的困难归结于“懒惰”，不如把它当作儿童滞后的技能，进行教授。

反应抑制

如果你曾经劝说过自己不要吃那块美味的蛋糕，或者成功抵抗住了上网的诱惑并写完了工作报告，你就已经练习过反应抑制了。反应抑制是指控制自己的冲动行事以达成某个目标。幼龄儿童通常都在延迟满足上存在较大的困难，因为他们的时间范围非常窄，他们大多时候只想着此时此地。但是，随着孩子的成熟，他们控制冲动的能力随之改善，他们能够预期冲动行事的后果。比如，他们能够因为过几天有一篇作文要交而放弃参加棒球比赛。他们会关掉手机，因为知道自己还有很多家庭作业要完成。如果朋友在中途打电话过来，他们可能会告诉对方，自己会在完成作业后再打回去。然而，对于存在执行功能困难的儿童和青少年来说，他们反应抑制技能的发展通常都存在滞后。

可以用以下几个描述来评估孩子在反应抑制上的困难程度。

❍ 我的孩子总是表现得很冲动，从很小的时候开始。

- ❍ 我的孩子总是“先做再想”，想到什么就做什么。
- ❍ 我的孩子很难思考和遵守“如果……就……”的关联（比如，如果现在把家务做完，我就能去玩了）。
- ❍ 我总是不停地在孩子本应该完成家庭作业的时候提醒他关掉电子屏幕（比如，手机、计算机、平板电脑、电视）。
- ❍ 我的孩子很难思考行为的后果。
- ❍ 我的孩子总是很冲动，总会犯粗心大意的错误。

如果你标记了三个或三个以上的上述描述，那么你的孩子很可能存在反应抑制困难，而你需要对此进行干预。更多相关信息和建议，请见第六章。

专注

学习或练习技能的前提是儿童必须学会集中注意力。集中注意力包括，将注意力集中在应该做的事情上，保持注意力足够长的时间以完成任务，同时过滤干扰物。存在执行功能困难的儿童和青少年可能在上述环节中的任意一个，甚至所有环节中都面临挑战。同样，干扰因素也存在多种形式。一些儿童的内心受到干扰，他们总是在做白日梦或者想其他事情。有一些儿童受到外部干扰，他们的注意力总是被环境中的声音、人、物品等吸引。孩子的专注问题可能也体现在倾听的过程中，他们因此遗漏了重要的说明或信息。专注问题也可能发生在孩子坐着看似没有分神地完成家庭作业的时候。不用多说，我们都知道帮助容易分心的孩子是最耗耐心的。但是，教学专注和管理分心的策略仍旧是你能给予孩子的最有力的礼物之一，因为它有益于孩子生活中的多个不同领域。

通过下面的检查清单，可以评估孩子在专注上的困难程度。

- ❍ 在你给出指令时，孩子看起来没有在听吗？
- ❍ 你的孩子很难坚持完成一项任务，尤其当任务需要耐心和专注的时候，是吗？

- 你有没有发现孩子在写作业的时候注意力集中在了背景音上？
- 你的孩子是否经常在说话的时候跑题？
- 你的孩子是否会抱怨自己很难集中注意力？
- 孩子的老师是否向你报告过孩子在课堂上很难集中注意力？

如果你在三个或三个以上的提问中回答了是，那么你可能很想寻找如何提升专注力的干预信息。你也可以阅读第七章，了解更多帮助孩子集中注意力的内容。

要点

在专注上存在困难的孩子通常也存在自尊心问题。这是因为他们接收了太多纠正性的反馈（例如，“要注意力集中！”“你忘记这部分了！”“我说了什么？”）。即使这些反馈是中性的或建设性的，也是其他人在告诉自己做得不对。因此，你也可以通过积极反馈来进行平衡（比如，“我很高兴看到你刚刚检查作业了！”“你刚刚听了我的指令，做得很好！”）。

时间管理

即使是成人也会纠结于如何在有限的时间内完成所有任务。因此，有执行功能困难的孩子，也就是难以设定目标、预测未来和意识到时间流逝的孩子，同时在时间管理上存在困难就不奇怪了。并且，这种困难在青少年期越发明显，因为他们有更多责任和更频繁的校外活动，更渴望同伴间的互动。“必须做”的任务和“想要做”的任务清单之间的斗争会导致拖延和逃避行为。存在时间管理困难的儿童和青少年总是迟到，不清楚时间，高估自己在一段时间内能完成的任务量，或者为了按时完成任务而急躁地做事。不过，好消息是时间管理是可以学习的技能，因此你可以教儿童和青少年学会时间管理。

参考以下提问，据此判断你的孩子是否存在时间管理困难。

- 你的孩子是否经常忘记时间？
- 你的孩子是否经常低估一项任务所需花费的时间？
- 你的孩子是否对自己在一段时间内所能完成的任务设置了不现实的目标？
- 如果没有提示，你的孩子是否会忘记约定或者规划的活动？
- 你的孩子是否会抱怨自己在学校里没有足够的时间完成考试？
- 你的孩子是否看起来意识不到时间的流逝？

如果你在三个或三个以上的提问中回答了是，那么你的首要目标可能是为孩子制订时间管理干预计划。更多有关时间管理的信息，请看第八章。

工作记忆

工作记忆是指将信息保留在脑海中足够久以便加以利用（记住、处理并行动）。你可以把它想象成大脑这台计算机的随机存取存储器（Random Access Memory, RAM）：它决定了你在不崩溃的情况下可以打开多少信息。工作记忆对于学习来说尤其重要，你必须能够在短期内记住所说的内容，才能长期加以学习。在工作记忆上存在困难的儿童和青少年总会遗漏部分对话、说明和上课内容，以至于他们的学习拼图经常是不完整的。同时，他们看起来忘性大，经常中途忘记自己正在做什么。

可以根据下列清单，判断哪些描述符合你孩子的状况。

- 我的孩子在遵循非单一指令上存在困难。
- 为了理解，我的孩子不得不多次重新阅读所读的内容。
- 我的孩子必须把事情写下来（例如，家庭作业），否则就会忘记。
- 我的孩子很难掌握心算。

❍ 我的孩子难以同时完成多项任务。

如果有三个或三个以上的描述符合你的孩子，那么你可能希望将工作记忆列为孩子需要进步的领域之一。你可以阅读第九章的内容，寻找更多有帮助的技巧。

事实

工作记忆是能够得到改善的。研究显示，练习是改善工作记忆的最佳途径之一，因为练习时有更多的血液流向大脑。

灵活性

灵活性是执行功能技能的其中一项，是指在变化的状况中转换想法和计划的过程。在心理灵活性（有时候称为认知灵活性）上存在困难的儿童经常局限于仅用一种方法解决问题，或者固执地使用单一无效策略。他们还可能因为专注于某个问题的细节而失去全局观。心理灵活性对于解决学业中的问题极为重要。在学习中，在认知灵活性上存在困难的孩子总是通过死记硬背（通过重复记忆）的策略进行学习。然而，随着课程变得越来越复杂，儿童将被期望通过抽象化来学习——将自己了解的内容运用在新的学习情境中。没有灵活性，孩子在遇到比所学内容稍难一些的问题时，或者在被要求综合所了解的内容来解决新问题时，就束手无策了。

心理灵活性也是解决社交问题的必要因素。社交规则总是根据情境而时刻改变。比如，在课堂中和操场上，你声音的音量是在改变的。根据交谈的对象和场合，你说闲话和自我表露的程度不一样。你必须实时解读社交线索来判断对方是否对你所说的内容不再感兴趣了，或者你的话语是否冒犯了对方。你需要灵活性来适应改变的社交情境。尤其是，随着儿童的成长，不明说的规则也会越来越多。孩子不再直接地说“我不想跟你玩”，而是会找一些借口，或是回避你。甚至还可能会在见面的时候亲切地对待你，却在背地里说你的坏话。这种类型的社交情境对于心理灵活性不足的儿童或青少年来说是难以理解和适应的。

事实

自闭症谱系障碍儿童（以下简称谱系儿童）通常都在解决社交问题中存在认知灵活性的困难。研究显示，其中一个潜在原因就是，他们一般不会进行“自我对话”。典型发展的儿童会在脑海里通过自我对话思考解决问题的办法，而谱系儿童可能不会这么做。不过，好消息是，教授儿童通过自我对话讨论想法能够改善认知灵活性。

怎么才能知道孩子是否存在认知灵活性上的困难呢？使用下列检测清单，标记你所观察到的孩子的行为。

- ❍ 我的孩子总是局限于用一种方法来解决问题。
- ❍ 有时候，我的孩子会坚持认为自己做功课用的方法是最好的，即使这个策略是无效的。
- ❍ 我的孩子是“非黑即白”的思考者，会遗漏问题解决中的灰色地带。
- ❍ 我的孩子很难适应新的社交情境，也很难理解那些没有明文规定的社交规则。
- ❍ 在与其他孩子互动时，我的孩子有时候似乎有“我说了算，不行就算了”的心态。

如果你标记了三个或三个以上的认知灵活性困难点，那么你可能会希望将它作为干预的起始点。你可以阅读第十章，了解更多有关灵活性的内容。

自我调节

自我调节是指能够反思自己的行为举止，为了达成某个目标而做出必要的改变。成为能够自我调节的学习者是一个复杂的过程，其中涉及多个持续阶段。有着扎实自我调节技能的学生拥有“元认知”，也就是对自己的想法进行思考的过程。这意味着，他们能够积极地深入思考学习的过程。他们能够设定目标，制订计划，执行计划，监督计划进展；在进展不顺利的时候做出调整，观察自己的表现，同时在内心记录哪些是奏效的，哪些是行不通的；还能在完成任务后评估并反思自己的表现。这些技能在本质上是发展性的，这意味着我们不能期望孩子能够有意识地执行上述所有步骤。不过，在学业中，自我调节的种子早在婴幼儿期和学步期就已经种下了。家长和老师可以示范并教授自我调节技能。

我们以解应用题的过程为例。在自我调节上存在困难的孩子可能会看着问题，不做太多思考，直接把题目中的数字做加法或减法。而自我调节技能良好的孩子可能会先读几遍问题，思考问题的内容，寻找暗示解题方式的关键词，设定和运算问题，然后问自己：“我的答案有道理吗？”他可能会大声说出这些过程，也可能是在心里默念，帮助自己不偏离方向。放远了看，有自我调节能力的学习者能够为即将到来的数学测试制订学习计划。他可能会在实际开始学习之前就想象自己和爸爸在家一起学习的场景，也会在遇到困难后寻求老师的帮助。他可能会决定做练习题，因为这在以前是有用的。他喜欢每次学一点内容，而不是只在考试当天的早晨集中学完。在整个过程中，他可能会一直问自己，“我理解这个了吗？”，并反思自己的理解程度。而自我调节能力较差的学生可能并不存在学习“看起来应该是什么样子”的认知画面。他可能前一天晚上看着问题，却不清楚自己是否理解了，因而无法在考试前采取措施，确保自己能够理解这些问题。

你的孩子是否在学习中存在自我调节问题呢？你可以思考孩子是否出现了下列行为，从而判断自我调节是不是你需要进行干预的领域。

❍ 我的孩子看起来并不能够自行设定学业目标。

- 我的孩子很难知道自己在什么时候是不理解某项学习任务的。
- 我的孩子似乎不清楚自己作为学习者的长处和短处。
- 我的孩子极少为考试或长期项目制订学习计划。
- 我的孩子经常在任务中犯错，自己却很难注意到。
- 我的孩子很少寻求帮助，尽管他应该经常需要他人的帮助。

如果你认为孩子存在三个或三个以上的上述行为问题，那么你可能需要考虑进行干预以培养孩子的自我调节能力。在第十一章，你能够找到更多关于自我调节的信息。

情绪的自我控制

情绪的自我控制指的是管理情绪并反思自己的感受以免做出冲动行为的过程。情绪自我控制需要的技能包括对感受的意识，使用言语来命名感受（比如，悲伤、沮丧、恼怒、兴奋），以及在情境中控制自己的反应、不冲动行事。当儿童难以控制自己的情绪时，他们经常做出不好的行为，比如殴打他人，冲动地说出不恰当的或不友善的话，或者出现其他攻击形式。并不是所有儿童都会在情绪激动时通过行为表现出来。有一些儿童会向内表现，出现许多令人担忧的念头，或者很悲伤，难以走出受伤的情绪。

当然，孩子调节情绪的能力在很大程度上与年龄相关。只要是发过脾气的学步儿童都可以说有情绪自我控制的困难！与此同时，生闷气的青少年在情绪自我控制上的困难则有不同的表现方式。

不管孩子几岁，作为家长，你都可以指导孩子管理内心的感受，进行恰当的情绪自我控制。这么做的好处有很多。自我控制更好的儿童在学校的表现更好。这是因为，学校期待学生能够在面对学业任务、合作以及解决同伴冲突时管理好自己的沮丧情绪，不影响学习，同时能够不崩溃地应对其他期待。

虽然所有儿童都会在发展的某个阶段出现处理和表达情绪的困难，但是有执行功能困难的儿童可能会让情绪调节的挑战进一步放大。你可以使用下列清单标记符合孩子的描述，以判断情绪调节是否需要干预。

- ❍ 我会把我的孩子描述为高度情绪化的人。
- ❍ 我孩子的心情总是变化得很快。
- ❍ 我的孩子在生气后总是很难平复。
- ❍ 我的孩子总是很容易与大人和同伴意见相左或者产生争论。
- ❍ 我的孩子在被纠正后会有强烈的情绪反应。
- ❍ 我孩子的行为是失控的。
- ❍ 我的孩子经常陷入消沉的情绪中，很难走出来。

如果你认为以上三个或三个以上的描述符合你的孩子，那么你可能需要将情绪的自我控制作为干预的领域之一。你可以阅读第十二章来获得更多建议。

完成任务

完成任务指的是维持注意力和能量水平直到任务完成。完成任务的困难可能出现在学校，也可能出现在家中。在家里，你可能会注意到家务事只做了一半，或者未达标准。你发现孩子需要更多的辅助才能完成已经开始了的任务。有时候，活动的最后一步——收拾和整理的工作——被剩下了，没有完成。有执行功能困难的儿童经常出现半途而废的状况，即使这些是他们喜欢的任务、项目和爱好。

完成任务中最常见的困难领域就是完成家庭作业。完成家庭作业要求内心的坚持和耐心。而一些儿童在毅力的发展中显示出了滞后。儿童无法完成家庭作业的原因是复杂的，不仅仅是单一的动机因素。有时候，儿童并不理解任务的内容，或者被任务吓到了而不知从何下手。有时候，他们能够顺利地开始，但一遇到困难，就会停下来逃避这项任务。当任务难度太大时，儿童就经常出现回避行为并表达他们对任务的憎恶，而且他们并不想要承认这一点，也不希望寻求帮助。与之相对，孩子有时候可能觉得任务简单且无聊。为了挖掘孩子难以完成家庭作业的根本原因，家长需要与孩子的老师合作以应对在家中出现的问题。

警示

如果你的孩子在完成任务上存在困难，你可能会听过孩子的老师将之描述为“开小差”。为了更好地理解孩子面临的困难，你需要询问老师，孩子“开小差”时正在具体做些什么。同时，询问老师，孩子在完成哪项任务或科目、在什么时间是在“开小差”或“专注完成任务”的，这样你就能获得关于难以完成任务的主要原因的相关线索。

完成任务对你的孩子来说困难吗？使用下列清单进行判断，标记符合你的孩子的描述。

- ❍ 我的孩子在做家务时开小差，以致总是做不完家务或者要花很长时间才能完成家务。
- ❍ 我的孩子需要大量的提醒和辅助才能完成家庭作业。
- ❍ 如果孩子写作业时我不坐在他旁边，他就无法完成作业。
- ❍ 我的孩子看起来只会把精力放在自己喜欢做的事情上。
- ❍ 老师经常告诉我，孩子没有完成课堂任务。
- ❍ 我的孩子在写作业时总是很容易半途而废。
- ❍ 即使是孩子喜欢的任务或项目，他也不能完成。

如果你认为孩子存在三个及三个以上的上述问题表现，那么你可能需要将完成任务列为干预的领域之一。请阅读第十三章获得更多有关完成任务的信息。

组织力

组织是指记住并照看好所属物（个人物品、学业任务），并保持个人空间秩序的过程。执行功能较弱的儿童通常组织力较差。他们的房间经常一团糟，背包装满了弄皱的纸张，桌子上全是乱七八糟的东西，笔记本也不规整，而且他们也是学校“失物招领”处的常客！他们总是忘记交作业，因为作业本落在了家里或车上，或者没法在需要的时候把作业从乱糟糟的书包里找出来。

组织力较差的儿童对于家长和教师来说是一大苦恼，因为他们无法理解为什么孩子就是不能“掌控好”。但是，对儿童所面临的挫折进行思考也是非常重要的。很多时候，儿童是有动机的，也带着很好的意图，结果仍然没有达到大人的期待。于是，他们可能会对自己感到失望。大人会时不时地跳出来尝试帮助孩子进行组织，这在短期内可能是有帮助的，但是无法真正教会孩子组织所需的自立技能。

孩子显示出的组织力差到了什么程度呢？使用下面的清单来确定孩子出现困难的领域。

- ❍ 我的孩子似乎不管走到哪里都会制造混乱。
- ❍ 我的孩子总是不停地丢东西，比如外套、午餐盒、家庭作业、书本和重要文件。
- ❍ 我的孩子似乎并不知道应该把东西放在哪里，即使我已经解释过物品的放置位置。
- ❍ 我孩子的笔记本没有根据科目进行分类。所有科目的文件都乱糟糟地放在里面。
- ❍ 我的孩子总是无法把正确的书本、文件或笔记本带回家。
- ❍ 我经常接到孩子的电话或短信，让我把他忘记带的东西送去学校。
- ❍ 我孩子的学习区域总是一团糟，毫无组织。

如果你认为孩子出现了三个或三个以上的上述问题，那么你可能需要将教学组织策略作为首要目标之一。请阅读第十四章，获得更多有关组织策略的内容。

选择优先干预的

当你的孩子存在多种不同类型的执行功能困难时，你可能很难抉择从哪里开始干预。本章提供了十项执行功能在家中和在学校中可能的表现，希望能够给你提供一个框架以便理解。根据这些描述和对应的清单，你已经能够明确需要开始针对性干预的一些领域。同时，你可能也看到了孩子存在的一些执行功能优势。

那么，为了确定应该优先干预哪个领域的执行功能，你可能需要问自己以下几个问题。

- 哪个执行功能领域对我的孩子来说最困难？
- 哪个执行功能领域给我们的家庭生活造成的困扰最大？
- 哪个领域给孩子在学校的学习造成的困难最大？

在回答了这些问题后，你可能已经确定了 1～3 个希望孩子有所改进的领域。你可以在以下两种方法中选择一种：从你认为最容易干预的领域开始，或者从对孩子的生活干扰最大的领域开始。如果你选择了后一种，那么请确保开始设定的目标是比较低的和可以实现的，避免你和孩子出现不堪重负的情况。

第三章

儿童和青少年如何发展执行功能

执行功能并不是单一的技能，而是一系列相互联系的技能，所以家长比较难确定孩子是否在正确的轨道上发展。家长可能会问自己一些问题，比如，“我孩子八岁了，还总是忘记拿运动衫和午餐盒，这正常吗？”或者“是不是所有的青少年都有拖延的情况，还是我的孩子有问题？”因此，本章提供了一份各类执行功能技能的发展指南，希望帮助家长确定自己的孩子究竟是出现了符合其年龄阶段的困难，还是出现了发展迟滞，需要评估或干预。

典型发展：平稳的水手

对于儿童和青少年的所有学习和行为而言，并不存在一个具体的年龄节点是孩子能够掌握特定技能的，而是存在一个适合大部分人的“典型发展”的年龄范围。为了更好地说明，你可以想象在一堂课上，6 岁的学生正在排队比赛跑步。你并不期望所有学生都能同时到达终点，对吧？在起跑后，只有几个学生是非常超前或落后的。大部分学生都陆陆续续地跑在队伍中间。执行功能技能的发展也是如此。孩子能够独立完成某项任务的年龄是因人而异的。不过，你可以通过各种途径了解，孩子完成任务的年龄是不是位于同龄同伴的中间队伍。

养育多个孩子的家长有一定的优势，他们可以对比孩子之间的发展情况。一个孩子可能很快就能学会打扫房间，而另一个孩子到达这一里程碑的年龄则更小或更大。可能一个孩子比另一个孩子的专注力更好。家长也可以询问其他同龄孩子的家长，问问他们的孩子能够独立完成哪些任务，以此评估自己孩子的发展情况。

警示

千万不要过分地比较自己的孩子与朋友的孩子的发展情况。儿童发展的速度各不相同，当其他同龄孩子的某项技能超过了你的孩子时，不要过于担心。童年并不是一个竞争期。观察同龄孩子的发展可以作为了解自己的孩子需培养哪些技能的参考信息，你也可以向其他家长学习如何激励某些技能的发展。

除此之外，家长也可以询问孩子的任课老师，了解孩子执行功能技能的发展情况。老师面对的是一个班的同龄学生，而且很可能在一段时间内一直都在教同一年龄阶段的学生，因此更了解技能发展的普遍范畴。在家长会上，如果老师提及有关你孩子在组织、时间管理、完成家庭作业等方面的问题，你就可以进一步询问，孩子的这些问题是否比其他同龄孩子更严重，还是相对正常。或者，你也可以问还有多少学生在班里也存在同样的问题（不要问其他学生的姓名！）。这样，你就能校正自己的担心程度并据此为孩子制订支持计划。有时候，这个计划仅仅是保持不变，让孩子的发展和成熟自然而然地到来。而其他时候，则需要更高程度的干预。

那么，除了将孩子和你或老师知道的其他孩子进行对比之外，还可以如何得知自己的孩子在执行功能领域是不是一位“平稳的水手”？家长如何了解孩子面临的困难是符合年龄阶段的发展水平的，还是即将招来麻烦？研究者佩格·道森（Peg Dawson）和理查德·奎尔（Richard Guare）编辑了一份儿童及青少年各个发展阶段的执行功能技能表。作为一份综合指南，这张表能够帮助你了解在孩子身上可以期待看到哪些执行功能技能。

需要执行功能技能的发展任务

年龄范围	发展任务
学前班	❑执行简单的指令（比如“去卧室拿鞋子”）。 ❑在帮助下整理卧室或者游戏室。 ❑在提醒下完成简单的家务和自立任务（比如，清理桌上的碗碟、刷牙、穿衣）。 ❑抑制行为：不去摸热的炉子，不冲到街上去，不抓其他孩子的玩具，不踢打、咬、推等。
幼儿园到二年级	❑执行指令（两三个步骤的指令）。 ❑整理卧室或者游戏室。 ❑完成简单的家务和自立任务：可能需要提示（比如，整理床铺）。 ❑能够把文件带去学校和带回家。 ❑完成家庭作业（最多 20 分钟）。 ❑如何使用零用钱。 ❑抑制行为：遵守安全准则，不说脏话，在课堂上先举手再说话，双手放好。

续表

年龄范围	发展任务
三到五年级	❑执行指令（可能会涉及更长的时间或更长的距离，比如去附近的超市或者记住放学后要做的事情）。 ❑整理卧室或游戏室（可能包括吸尘、打扫等任务）。 ❑完成需要花费 15 ~ 30 分钟的家务（例如，饭后清理、清除叶子）。 ❑把书本、文件、作业带去学校和带回家。 ❑出门后照看自己的东西。 ❑完成家庭作业（最多 1 小时）。 ❑计划简单的学校项目，比如阅读报告（选书、读书、写报告）。 ❑通晓每天都在变化的日程表（例如，校外不同的活动）。 ❑为想要的东西存钱，计划如何挣钱。
六到八年级	❑抑制和自我调节：老师离开教室也能表现良好；不做粗鲁的评论，不发脾气，不做没有礼貌的行为和表现。 ❑为了报酬照看弟弟妹妹。 ❑系统地组织学校任务，包括指定的书籍和笔记本等。 ❑遵守复杂的学校日程，包括不同的老师和日程表。 ❑计划和执行长期项目，包括所需完成的任务以及遵守合理的时间线；可能需要同时计划多项大型项目。 ❑计划时间，包括校外活动、家庭作业和家庭责任；预估完成个别任务所需的时间，并为之调整日程安排。 ❑权威人士不在场时也能抑制打破规则的冲动。
高中	❑能够每天有效地管理学校任务，包括按时完成和上交任务，学习备考，为长期项目制订并遵守时间线，根据老师和其他反馈（如考试成绩、资料）调整自己的努力程度和学习质量。 ❑设定并提炼一个长期目标，为达成该目标而制订计划。如果目标是高中结束后上大学，那么该学生需要选择合适的课程并保持成绩绩点才能被大学录取。同时，还需要参与课外活动，在恰当的时机报考入学考试，完成大学申请程序。如果学生并不计划去大学，那么他可以选修职业培训类课程，有条件的话也可以在校外打工获得毕业后工作所需的培训和经验。 ❑利用好休闲时间，包括在暑期找工作或者参与休闲类活动。 ❑抑制莽撞和危险的行为（例如，使用违禁品、性行为、入店行窃和故意破坏财产）。

当挑战出现时：摇晃的小船

虽然并不是所有的儿童都能以相同的速度发展执行功能技能，但有一些儿童的技能发展严重迟缓，以致干扰了他们的日常功能。如果你拿起了这本书，那么你有很大的概率正在寻找支持孩子日常生活的执行功能技能的办法。如果孩子因为没有能力完成他这个年龄应该能够完成的任务而经常受挫，那么你很可能面临的就是一艘“摇晃的小船”。这并不意味着你的孩子在故意摇晃小船，而是意味着像组织力、时间管理、独立学习以及主动发起并完成任务等自我调节技能的发展，并没有自然而然地在孩子身上出现。

警示

有时候，你很难不把孩子的困难归结为单一的动机问题，因为孩子在技能的表现上可能是不一致的。但不一致并不意味着孩子在有动机的时候就能完成任务，没有动机就无法完成。这只是意味着，在某些条件下，孩子的执行功能技能得到了支持。而你的工作就是找到这些条件，并将它们运用到孩子不太成功的情境中。

迟缓还是障碍

有的时候，孩子的执行功能技能是发展迟缓的，但在接受了一些针对性干预后可以赶上同伴。比如，刚刚进入初中的学生可能难以记住去哪个课堂应该带哪本书，因为授课老师不止一位。老师或家长可以为学生提供一些策略或支持，几个月后，学生就能掌握多次的转换。

而其他时候，这种迟缓可能是长期的。儿童的执行功能技能发展可能会持续落后于同伴。比如，学生在整个学校的学习过程中都持续落后于同学一到两个年级的功能水平。家长可能会注意到，孩子的技能表现总是比其实际年龄要稚嫩许多。比如，在组织力这个执行功能领域存在困难的孩子，即使到了初中快结尾时，仍然需要家长每天早晨帮忙检查书包，以确保孩子可以把家庭作业带去学校，而大部分的初中生都不再需要这种程度的监督了。还有，组织力较差的学生到了高中可能仍然难以把任务写在计划表内，而大部分高中生都已经发展出了优秀的记事系统。执行功能发展迟缓的儿童表现出的水平像是更年幼儿童的发展水平。当儿童的迟缓过于严重时，需要安排评估来找出原因，或者获得学校特殊服务的资格。

要点

并不存在“执行功能障碍”这个诊断，反而有很多障碍存在执行功能缺陷的症状表现。如果你想要一份更彻底的针对孩子的困难的评估，那么你可以寻找心理咨询师、精神科医生，或者儿科医生的专业判断。

评估执行功能困难

执行功能包含了多种技能，因此用以评估的测试类型也是多样化的。不过，有质量的评估大多都必须涵盖一些共同要素：观察、访谈、评分表和直接的评估。

要点

要找到孩子执行功能困难的原因，第一步通常是获得一份高质量的评估。虽然这个过程可能比较困惑和漫长，但是找到一位优秀的评估者带你经历整个评估过程是值得的。你可以让孩子的儿科医生做推荐，或者如果孩子已经上学了，可以先去咨询孩子学校的心理咨询师。

观察

要想弄清楚孩子在执行功能技能上的应用情况，最好的方法之一就是观察孩子在学校环境中的表现。观察非常重要，因为孩子有时候会在一对一的测试场合表现得非常好，他们的执行功能困难可能在该场合没有体现。当安排孩子在安静的测试房间里面对一位成人时，这是高度结构化且没有干扰的设置，孩子很可能会有高光表现。因此，找到像教室这样更大更非结构化的环境来观察孩子，是评估中非常重要的一环。

对于低年级学生，评估者大多会在学生的家中和课堂上进行观察。到了初中，评估者会选择不同的课堂进行观察。不管学生处于哪个年龄阶段，评估都需要对学生在非结构化设置内的表现进行观察，比如在走廊里、在休息或者吃午餐的时候。多次的观察能够让评估者了解学生在不同场景中的表现。比如，一个有冲动控制困难的孩子可能会在课堂上出现脱口而出的行为，在休息时可能会推搡他人想要挤到队伍前面，或者在吃午饭时对同伴说不友好的话。而另一个孩子只在一节课上出现了冲动行为，在其余场合均未出现。这类观察对于什么是情境的（只发生在一个特定场合）和什么是普遍的（发生在许多场合中）提供了很好的信息。

疑问

如果我觉得孩子的课堂对他而言太过嘈杂了，该怎么办呢？

首先，跟孩子的任课老师讨论，看老师是否有什么策略可以尝试用在孩子身上。如果不够，那么可以约见校长就你的担忧进行讨论。尽量在“不匹配”的框架中进行谈论，而不是直接批评老师的教学风格。这是为孩子寻求支持的第一步。

观察还需考虑环境期望孩子表现出的功能。有时候，孩子只在一个场合表现出执行功能的困难。比如，孩子在高度结构化和有组织的课堂上的功能表现比在较为松散的课堂中更好。通过观察你的孩子以及课堂中其他孩子的表现，评估者更能了解你的孩子是否表现得尤为困难，还是所有学生似乎都会因为嘈杂的环境而表现不佳。

访谈

在评估执行功能技能时，获得多个能在不同场合中对孩子进行观察的人的反馈尤为重要。家长，当然是能够在最广范围内观察孩子行为的人。他们了解孩子的技能是如何随着时间发展（或不发展）的，还知道很多逸事能够让评估者了解孩子每天面临的挑战。在收集这些信息时，评估者可能会从与家长的访谈开始，谈论孩子的发展史。这个访谈的目的在于了解孩子的行为的长期发展情况。比如，孩子是总是在专注上有困难，还是最近才出现这个问题？是否有其他因素可能导致孩子难以专注，比如医疗、睡眠、进食问题或情绪问题等？是否存在家族史使孩子更容易出现执行功能困难的症状，比如注意缺陷与多动障碍（Attention Deficit Hyperactivity Disorder, ADHD）、学习障碍或者自闭症谱系障碍？所有这些问题都能帮助评估者在更广泛的背景下了解你的孩子。

事实

你知道睡眠问题也能引起执行功能困难吗？最近的研究显示，糟糕的睡眠习惯会引发类似于 ADHD 的症状。因此，在评估中排除睡眠障碍作为引发儿童执行功能困难的一个原因是非常重要的。

在调查了发展史后，评估者通常会尝试更细致地了解当前儿童执行功能困难的本质。这个过程大多通过半结构化的访谈完成。评估者持有一份列有儿童和青少年被期望做到的技能清单，据此询问孩子在各个领域的表现情况。比如，可能会问你孩子在家庭作业、家务、考试、学习、组织所属物以及设定目标等方面的表现。当遇到孩子的困难领域时，评估者经常询问具体的例子，比如在什么时候会出现困难，在什么时候不会。这些信息不仅有助于了解儿童所面临的挑战，还能据此收集应对的策略。

评分表

除了收集与儿童功能有关的宝贵定性信息外，执行功能技能的定量评估也能提供有价值的信息。评分表是指描述一系列行为并让打分者标记各行为发生频率的调查问卷（比如，从未、有时、经常或总是）。根据评分表的内容，被调查的行为存在差异。有很多种评分表可以对阻碍学习的多种不同行为和情绪（比如，焦虑、多动、注意力问题和学习问题），以及帮助学习的技能（比如，学习技能、社交技能和领导技能）进行测量。还有一些评分表旨在测量某项具体的执行功能技能。这两种评分表都能提供有意思的信息，让我们了解行为发生的地点，跨场景持续出现的行为模式，以及一些问题行为是否对儿童的年龄阶段而言是异常的，同样也能帮助我们判断儿童的优势领域。

要点

一份高质量的评估包括来自家长和学校教职工的评分表。一般来说，孩子的任课老师或几位比较了解孩子的老师会填写评分表。告诉孩子的老师，他会收到一份评分表，然后确保老师将评分表返回。来自学校的信息非常重要，因为大部分的执行功能困难都会在此有所体现。

直接的评估

执行功能技能与一系列认知技能相互交错。比如，在听觉加工上存在困难的儿童（难以注意并记住听到的信息）可能也存在执行功能问题。他们可能因为遗漏了信息而不能正确遵循指令或犯粗心的错误。有学习障碍的儿童也可能表现出执行功能的问题。比如，如果你的孩子有阅读障碍，比如失读症，那么他可能会在阅读任务中表现得不专心，因为阅读对他而言太难了。如果能更好地了解孩子是如何学习的，就能更理解他在执行功能上的表现。可以通过直接评估来实现这一点。

事实

根据美国的特殊教育法，公立学校有责任识别有障碍的学生。即使你的孩子在私立学校上学，你也可以要求学校给孩子免费进行评估。你还可以联系当地学区获得更多相关的信息。

直接评估有几个不同的名字。在学校，它被称为“心理教育评估”。在诊所，它可能被叫作“神经心理评估”。虽然在名称上存在差异（比如，神经行为学评估、教育评估、心理评估），但是核心特质是相似的。评估者直接面对儿童，主持多个教育和心理学测试来了解儿童的学习情况。大家需要重点记住，心理测试只能代表儿童此时此刻的大致表现。测试可能会受到心情、坚持程度、疲劳以及其他条件的影响。没有任何单一测试能够了解个体执行功能或者学习和注意力问题的全部表现。每一项测试都是一个数据点，它与定性信息一起构成了儿童的简况。你可以把评估当作儿童学习技能的一张快照，而不是整个人生的剪贴簿。不过，这张快照作为众多点中的其中一个数据，终将组成一张更清晰的儿童功能图片。

另外，智力测验也经常包含在直接评估中。智力涉及多个组成部分，但是最常被测试的领域是言语智力、视觉接收智力、记忆力以及速度。智力测试是根据年龄选择的，并且测试分数会与其他同龄儿童进行对比。把智力测试当作一种用来了解孩子是如何在极少的帮助下解决新问题的方式，这样会比较合适。评估者会给出一两个例子解释如何完成问题，之后便不再给任何线索，也不会对儿童的表现进行反馈。评估者会呈现或提出越来越困难的问题，直到孩子无法完成为止。评估者可能会观察孩子面对困难问题的反应是什么样的，会坚持还是放弃？会变得沮丧和生气吗？他看起来享受吗？这些都能帮助我们了解孩子在课堂或家中面对一项有挑战的学习任务时会如何反应。

要点

智力测试通常都会给出一个智力商数（intelligence quotient，IQ；简称智商）。一些家长对测试孩子的智商很是担心。一位高质量的评估者能够解释这个数值的意义，并告知孩子在智商测试中是否表现出了什么重要的优势和弱势。比如，一些孩子有很高的言语智商，但是视觉智商很低。有些孩子却与之相反。这种分析能够为干预提供重要的信息。

除了智力测验之外，评估者还可以进一步测试孩子的信息加工领域，比如语音加工（声音的处理是阅读的基础技能）、言语和视觉记忆、听觉加工以及视觉加工。评估者可能会向孩子呈现一个故事，要求孩子复述所有的细节；或者向他展示一幅某个形状的图片，要求他凭记忆画出来。有很多有趣的评估能够让你了解孩子可以如何学得最好，以及孩子是否存在更艰难的学习习惯。

一位高水平的评估者还会进行更广泛的评估，具体了解孩子的注意力和执行功能的加工过程。在注意力加工领域，评估者会给出一系列不同的任务。一些任务测量了儿童抑制反应的能力。比如，可能要求儿童在听到“红色”的单词后指向绿色的图形，而在听到“绿色”的单词后指向红色的图形。这项任务测试的是儿童能否抑制或停止主要反应。其他任务评估的是儿童一次性地在脑海中记住多条规则的能力，或者就一个问题进行灵活思考的能力。或者，向儿童提供一系列复杂的指令，要求他执行一项任务。或者，向儿童呈现故意加入干扰元素的任务（比如，听背景中令人分心的噪声，看一张令人眼花缭乱的工作表），要求他把注意力集中在其中一个部分上。还有一些评估可能是向儿童提供许多需要进行计划的计时任务，这样，评估者就能够了解儿童是如何平衡速度和准确率的。可能是在一排物品中搜寻某个特定物品并用铅笔圈出来，或者点击计算机上的信号器以测量反应时间。

事实

即使是学前班的儿童也能够进行注意力控制的评估。研究者在计算机上呈现一张图片，比如在屏幕的左边呈现一颗心，让儿童点击键盘左边的按键。然后，测试者呈现另一张图片，比如在右边呈现一朵花，让儿童点击右边的按键。之后，测试者让儿童按照相反的规则进行测试，看他们能否抑制旧的规则而执行新的规则。能够做到这一点的儿童拥有更好的“注意力切换”技能。

所有这些数据，包括定性的（观察和访谈）和定量的（评分表和直接评估），都会被放到一起进行分析。评估者要寻找那些或许可以促成诊断的模式和症状群。虽然“执行功能障碍”这一诊断类别并不存在，但是一些诊断障碍类别经常会表现出执行功能上的缺陷。不管这些症状是否被分到了某个“标签”下，评估都能为儿童的学习及行为优势和弱势提供细节信息。这些信息在之后可用于组织针对性的干预。

第四章

有执行功能缺陷症状的障碍

不存在“执行功能障碍”的诊断分类。执行功能的困难存在多个原因。你可以把执行功能的问题当作一种症状，而不是一种障碍。比如，如果你跟医生说自己很“疲惫”，想知道可能有什么障碍，那么在没有进一步评估之前，医生很难知道该症状的原因。就像疲惫可能是许多不同障碍的症状表现一样，执行功能困难也可能是许多不同障碍的症状体现。

执行功能："一把巨大的伞"

由于执行功能缺陷是一系列障碍的症状表现，那么把它们当作多种障碍汇成的一把伞可能会有帮助。在伞下有多种不同的儿童和青少年障碍，其中有几类与执行功能困难的联系最为紧密。下面的清单并没有列出所有可能会导致执行功能问题的障碍，不过已经包含了那些最常见的诊断分类。

注意缺陷与多动障碍

不存在完全相同的两个注意缺陷与多动障碍（ADHD）学生。不过，ADHD 学生大多被分到以下三类中：主要症状为注意缺陷，主要症状为多动和冲动，以及同时出现注意缺陷和多动症状。不管儿童被具体诊断为 ADHD 的哪个分类（注意缺陷、多动或者两者皆有），他们在执行功能上的困难大多都有相同的特质。

事实

在 2013 年，美国食品药品监督管理局批准了一种叫作"神经精神病学的脑电图评估辅助（Neuropsychiatric EEG-Based Assessment Aid）"的脑波测试来帮助 ADHD 的诊断。这种方法在儿童的头部连接多个传感器，以测量多种不同类型的脑波（θ 波和 β 波）脉冲频率。与传统诊断方法结合后，该方法被认为能够进一步提高诊断的准确率，但对此还需要进行更多的研究。

美国精神病学会的《精神障碍诊断与统计手册》（第五版）（*Diagnostic and Statistical Manual of Mental Disorders,* 5th Edition, DSM-5）是专业人士用来诊断心理障碍的手册。2013 年新修订的版本 DSM-5 列出了 ADHD 的特征。医生、心理咨询师和精神病医生可以用这个手册来评估儿童、青少年或成人是否患有 ADHD。要达到 ADHD 的诊断标准，个体必须出现至少 6 个注意缺陷或者多动和冲动的症状。比如，注意缺陷的症状可能包括犯粗心的错误，无法坚持完成任务，在组织上存在困难，容易分心或者忘性大等。多动和冲动的症状包括了难以安静坐着，躁动不安，脱口而出或打扰他人，以及能量过剩或者躁动等。

要达到 ADHD 的诊断标准，意味着这些症状必须长期存在，且其中一些问题要出现在个体 12 岁之前。也就是说，个体不能在青少年或者成人期才发展为 ADHD，其征兆早在儿童期就出现了。症状还需要在严重程度上远超典型发展儿童和青少年所能出现的注意缺陷或多动问题。最后，这些问题还必须影响到个体在学校的表现或者与同伴的相处，还不能是其他心理或者学习问题导致的。因此，如果你的孩子出现了注意缺陷或多动的症状，但是没有对他造成实际的困扰，那么很可能不会被诊断为 ADHD。

警示

有很多网站可以帮助家长学习更多有关 ADHD 的知识。比如，“ADHD 儿童和成人（Children and Adults with Attention-Dificit/Hyperactivity Disorder）”就是一个非营利组织，其官方网站上提供了许多相关信息、支持和宣传倡导。

ADHD 是否被过度诊断了这一点存在一些争议。一些研究显示，ADHD 的发病率以流行病的速度在增长。有一些研究则认为，它的发病率处于长期相对稳定的状态。但不论如何，有越来越多的证据显示，男性被诊断为 ADHD 的比率高于女性。这可能是因为女性在注意缺陷上显示的症状较多，而男性在多动上表现出更多症状（因而更容易受到家长和老师的关注）。研究还显示，ADHD 出现在世界各个地区，且有较高的遗传性。这意味着 ADHD 经常出现家族遗传史。

人们对 ADHD 的了解在逐年增加，从过去单纯认为它是注意缺陷和多动的障碍，到现在看到它是执行功能的障碍。其中一个有关 ADHD 真实本质的理论由拉塞尔·A. 巴克利（Russell A. Barkley）博士，一位 ADHD 领域杰出的研究者和教授提出，其理论的标志之一就是认为 ADHD 是一种自我调节障碍。自我调节存在诸多组成部分，但都始于行为抑制的技能。行为抑制指的是具备以下能力：（1）开始时阻止自己做某事（比如，我不会把我认为朋友的外套很丑这个想法说出来，因为这会伤害到她），（2）当方法不奏效，能停止继续使用该方法（例如，我会停止在数学课上随意评论，因为老师生气了），（3）管理分心物（例如，我会关掉社交网站，去完成阅读任务）。

了解 ADHD 以及它对儿童的执行功能会造成怎样的影响是制定干预的第一步。要注意，到目前为止并没有针对 ADHD 的良方或者“特效方法”，我们只能帮助管理它的症状。症状会随着时间有所减轻或者发生变化，儿童在恰当的支持下能够成长为高功能且成功的大人。为了给儿童提供成功所需的扎实基础，ADHD 儿童的家长需要接受教育以便更好地选择干预。现在有很多干预方法实际上是骗局，是未被证实有效的。总的来说，ADHD 的干预类别包括营养、药物治疗以及行为调整。

事实

另外一个能够为支持 ADHD 儿童和青少年提供干预的养育资源是《“态度”杂志》（*ADDitude Magazine*）。这个在线杂志回答了家长的许多常见问题，还列出了其他家长分享的许多实用策略和建议。

营养

尽管患 ADHD 者人数众多，但是有关改变饮食或补充维生素是否能减轻其症状的实证几乎没有。不过，为儿童提供有营养的食物并且限制糖类和加工类食品有其他健康益处，因此，就其本身而论，这并不是“坏”干预。整体而言，良好的营养对个体的认知功能是重要的，尤其在儿童发育早期那几年。只不过，几乎没有研究显示这对控制 ADHD 症状存在具体效果。

事实

虽然并没有什么神奇的补充剂能够改善个体的专注力或大脑的功能，但有一些证据显示，Ω-3 脂肪酸与成人期更少的认知衰退风险有关。海鲜、亚麻籽油、芸豆、坚果、菠菜、瓜类蔬菜以及 Ω-3 脂肪酸强化类食品都是很好的 Ω-3 脂肪酸来源。

药物治疗

研究支持了药物的使用能够减轻 ADHD 的症状，但它是否真的能促进个体的学业表现（比如，更高的平均绩点、更好的测试分数）仍待考察。当然，家庭对于是否给孩子用药的决定大多犹豫不决，这很容易理解。家长可以咨询孩子的儿科医生或者儿童病理学家学习药物治疗的好处和坏处。注意，每个儿科医生对于 ADHD 用药的专业程度是不一样的。你可能需要咨询那些接受过专业培训——关于 ADHD 以及其他可能与 ADHD 有相似症状的诊断（比如，焦虑症、抑郁症、睡眠障碍）的用药——的精神科医生。总的来说，ADHD的用药分为两种类型：中枢神经兴奋剂和非兴奋剂药物。还有一些药物治疗的是伴随ADHD出现的症状，比如抑郁症和焦虑症。你可以询问医生这些药物类型之间的差异，以及药物潜在的副作用和长期效果。

尽管ADHD药物治疗是否能够改善学业功能仍然在研究中，但还是有不少家长和学生注意到自己的专注力有所提升，冲动以及关于家庭作业的争论减少了，并且成绩也上升了。在实验室研究中，ADHD药物治疗被证实能够改善记忆力和专注力，但是该结果并不总能转移到课堂中。比如，药物可能会提高专注力，但并不一定会让你专注在数学老师身上。孩子可能会把增加的专注力用在旁边的朋友身上。这也许就说明了，单独的药物治疗无法作为充分的干预，它需要和技能训练结合。技能训练与药物治疗的结合被证实对改善个体功能有最强有力的效果。因此，家长不应该认为ADHD药物是“神奇的药片”，而应把它当作能让孩子专注更长时间的“药”，以便孩子从学习任务的策略性指导和针对性练习中受益。

事实

关于服用ADHD药物是否与个体之后的物质滥用存在关联的研究结果不一。2013年，美国加利福尼亚大学洛杉矶分校的一项研究显示，服用ADHD药物与之后的毒品使用无关，与之后抗拒毒品使用也无关。也就是说，服用兴奋类药物的儿童与没有服用的儿童一样，在之后出现酒精或违禁毒品滥用的概率是一致的。

行为调节

行为调节领域使用得最广泛的三种干预方法是：家长管理培训、亲子互动治疗以及课堂上的行为支持计划。

家长管理培训

家长管理培训的内容是教授家长认识 ADHD 的本质以及管理儿童行为所需的技能。这些培训的理论基础是，如果你想要孩子的行为有所改变，就必须改变自己的行为。它们大多基于学习的行为学理论，也就是通过奖励和结果进行学习。这类培训大多在家长小组中进行，由一位受过训练的引导者组织。在这些小组中，引导者会讲述如何与 ADHD 儿童相处，然后家长可以讨论如何将这些原则用到自己的孩子身上。这类小组还有一个额外的好处是，你可以遇到其他“过来人”，他们理解你遇到的困难，能为你提供支持和可以尝试的新策略。

亲子互动治疗

另一种行为调节模式称为亲子互动治疗。这类治疗的基础是行为原则，其重点在于改善亲子关系质量以及改变亲子互动模式。它针对的是幼龄儿童（2—7 岁）的家长。家长和孩子可能一直都在同一类问题上吵架，不断重复相同的对话，因而陷入不良循环。亲子互动治疗会教导家长如何以更积极的方式与儿童互动，帮助儿童管理伴随 ADHD 的破坏性行为，比如冲动、攻击、蔑视和反抗行为。亲子互动治疗以针对孩子的形式展开，但是之后会给家长留家庭作业，要求他们在家中尝试几种策略。亲子互动治疗师充当了教练的角色，研究显示，这种治疗类型有助于减少破坏性行为以及提高亲子互动质量。

事实

如果你想要学习更多有关亲子互动治疗的内容，请前往国际亲子互动治疗（PCIT[1] International）官网。

1 英文全称为“Parent-Child Interaction Therapy”。

行为支持计划

第三种帮助 ADHD 儿童的行为干预方法是，为儿童在校学习制订行为支持计划。课堂行为支持计划通常需要老师和家长双方的共同努力，包括为期望的行为设置激励和奖励，为不期望的行为设置后果。行为支持计划能够在短期起效果，但有时候，当行为支持计划被移除后，儿童可能会重新出现不被期望的行为。计划也不一定能迁移到其他场景中，这意味着如果有一份能帮助儿童在数学课上集中注意力的行为支持计划，它并不一定能改善儿童在其他课堂上的专注力。不过，行为支持计划和家长管理培训对帮助家长建立与孩子的积极反馈循环是有益的。

要点

> 行为支持计划通常会在个别化教育计划（Individual Education Program, IEP）这个特殊教育计划中出现。不过，即使儿童不在特殊教育中，也可以给他们安排行为支持计划。

自闭症谱系障碍

自闭症谱系障碍（有时被称为广泛性发育障碍）包含几个不同分类，比如自闭症（典型自闭症）、阿斯伯格综合征、待分类的广泛性发育障碍（Pervasive Developmental Disorder Not Otherwise Specified, PDD-NOS）、雷特综合征（Rett Syndrome）以及儿童崩解症（Childhood Disintegrative Disorder, CDD）。这些障碍都被纳入自闭症谱系中，因为这是一系列广泛的症状、技能以及不同程度的损伤。一些儿童表现出的症状十分严重，而其他儿童的症状可能是比较轻微的。

事实

障碍的分类手册叫作《精神障碍诊断与统计手册》（DSM）。该手册在2013年进行了修订，所有与自闭症相关的障碍都被归类到了自闭症谱系障碍这个名目之下。阿斯伯格综合征和广泛性发育障碍的名称已经被取消了。

自闭症谱系障碍的核心特征是社交缺陷、沟通缺陷及重复与刻板行为。在每个缺陷分类中，都可能存在执行功能问题。

警示

如果你想要了解自闭症谱系障碍的类别概述，以及相关症状、干预和倡导支持，请浏览自闭症之声（Autism Speaks）的官网。

社交

虽然谱系儿童的社交能力存在个体差异，但基本上，所有谱系儿童都会显示出一定程度的定性障碍。一些严重受损的儿童甚至极少表现出社交兴趣。他们看起来对他人漠不关心，很少主动发起任何互动。即使有人尝试接近他们，他们也经常没有做出回应。有一些孩子虽然没有主动表现出兴趣，但是当照顾者或家人尝试与他们互动时，他们是能够回应的。他们可能只是无法与不认识的人进行互动。还有一些谱系儿童看似想要进行社交互动，但没有实现成功社交的技能。他们很难了解他人的立场，或者在自己的思维方式上非常刻板（“我说了算，不行就算了”的思考方式）。这导致他们一直不停地谈论自己的兴趣，成为同伴中的“规则执行者”，或者更依赖成人，因为成人更能容忍没有分享兴趣或想法的互动。

要点

眼神接触是恰当社交的核心特质。典型发展的儿童会使用眼神接触来主动发起对话和与他人的互动。他们使用非言语沟通来展示自己的兴趣，比如用手指、点头来表示同意。谱系儿童极少甚至完全没有眼神接触，有的儿童的眼神接触时间极短，有的则有尴尬的长时间眼神接触（有时候是因为他们被教导要在别人讲话时看着对方的眼睛）。

成为一位好的朋友或者与照料者和大人保持积极关系，所要求的执行功能技能包括思维灵活性和情绪自我调节能力。执行功能的困难还可能出现在学业领域。谱系儿童在课堂规则或计划改变时可能会很生气。他们可能会刻板地要求别人按照他们的方式做事。他们还可能会抽离而游离在自己的世界中，因此遗漏教学内容或者错失练习技能的机会。家长可能会与学校及精神健康专家联合，寻求培养孩子的社交技能和执行功能的支持。

事实

自闭症谱系障碍儿童最广为人知且研究众多的干预方法就是应用行为分析。应用行为分析教授那些能为学习和互动打开窗户的基本技能，比如看、听、模仿，还有许多更困难的技能（比如，阅读、对话和理解他人的观点）。

沟通

谱系儿童的沟通技能也是因人而异的。一些儿童完全不会说话，还有一些却在语言上极有天赋（虽然他们可能会出现“语用”问题，比如，很难等到轮到自己时再讲话，不会使用恰当的问候语和告别语，无法看着说话方，不会使用非言语行为表示自己的兴趣——如用手指）。一些谱系儿童会出现“小教授”的沟通类型，也就是说，他们在自己感兴趣的话题上会向他人输出类似词典的信息。

谱系儿童在沟通上可能缺乏的执行功能技能包括：灵活性（他们可能会坚持自己感兴趣的话题，不管其他人是否感兴趣）和情绪的自我控制（在不允许他们谈论其兴趣后，他们可能会变得生气）。言语治疗师和心理咨询师大多接受过帮助谱系儿童发展沟通技能的培训。这种培训可以一对一地进行，或者更多时候是以小组形式开展的。

重复或刻板的行为

虽然有一些人争论，自闭症谱系障碍的核心特征是沟通和社交困难，但是它最有辨识度的特征可能是重复或刻板的行为（比如，抖动，排列物品，以及反复重复同一个词组）。在这个领域，谱系儿童的行为表现各不相同。一些儿童会表现出感知觉的敏感性（难以忍受吵闹声或某种材质，或者对物品有不寻常的视觉审视——用异常的方式盯着看很长时间）。一些儿童可能会出现重复动作，比如拍手、抖动或者抖手。还有一些儿童可能会对物品的某些部位表现出异常的痴迷。比如，他们可能会好几个小时一直在转玩具汽车的轮子，而不是让汽车开起来，也没有把它当成真的汽车来玩——假装去接人或在假想的镇上绕圈等。

另外一个被归到这个类别下的特征是，执着于非功能性流程以及保持一致。比如，一个孩子在上床前必须把汽车按照固定的顺序排列好，每辆车摸两遍。他对这个流程的痴迷程度已经超过了强烈的喜好（很多孩子也喜欢把玩具车按照固定的方式整理好），如果无法完成这个流程，孩子会发狂。这种灵活性的缺乏还可能出现在一些出人意料的地方，如去学校的路线不一样，或者学校的日程表发生了改变。比如，如果有一个全校集会打乱了一天正常的规划，数学和阅读的时间调换了，或者由一位代课老师来上课，那么一个难以接受流程改变的谱系儿童可能会崩溃。

谱系儿童除了在灵活性和情绪自我控制这两项执行功能技能上存在缺陷，还会在发起任务和完成任务上存在困难。比如，他们的仪式或重复动作会对任务执行造成干扰，因为他们必须完成自己的流程或动作。此外，难以转换立场进行思考也会阻碍他们理解教学评论。如果没有被明确告知，他们可能无法理解老师为什么想让自己换一种方式做某件事情。他们很难推断和解读社交线索（例如，教室里的每个学生都在把数学作业本拿出来，那我也应该这么做）。大多数典型发展的儿童会为了取悦家长和老师而完成他们要求的任务，然而谱系儿童一般没有这种社交动机来完成任务。

学习障碍

学习障碍有许多类型，不过每种类型都享有共同特征。首先，有学习障碍的儿童和青少年至少有平均值以上的智商。其次，他们在至少一个领域（阅读、写作或数学）中表现出平均值以下的学业技能，考虑到他们的智力和学校经历，这个表现低于应有的期望值。这种差异有时候也被称为“显著差异”。或者，他们并没有出现显著差异，但是他们在某个学业领域接受了许多干预，而进步明显比期望的慢。最后，他们存在一种“加工缺陷”，意味着他们的某种学习形态低于平均值。也就是说，有一类学习对他们来说是困难的。比如，他们的视觉记忆力、言语记忆力、语音加工技能（学习声音）或者视觉–动作（眼手）协调能力低于平均水平。一个儿童可能有不止一种加工缺陷。

当儿童有学习障碍时，维持努力的状态通常都很困难，因为他的大脑在加工信息上比其他没有学习障碍的儿童的大脑更为艰难。如果你能回想起自己因为必须完成一项繁重的认知任务而非常挣扎的时刻，你就能理解放弃这个任务或者多次中断去休息有多么容易了。有时候，有学习障碍的儿童也会因为缓慢的加工技能而难以按时完成任务。比如，有视觉–动作加工缺陷的儿童很容易在写作任务中感到疲惫。这种感觉有点类似于你在用非惯用手（大多数人的左手为非惯用手）写字。你能够做到，只是这个过程更艰难，你要花费的时间更久，你的手很可能会累。

对学习障碍儿童的干预是多样化的。一般来说，干预分为两大类——针对有需求的学业领域以及针对加工缺陷领域。在学业领域，通常由特殊教育老师或私人助教为儿童提供阅读、写作或者数学方面的直接指导，他们大都接受过矫正学习障碍学生学业问题的培训。很多时候，对有需求的学业领域提供支持也能够改善执行功能技能，因为儿童正在变得更熟练、更自立。

要点

如果你怀疑孩子有学习障碍，那么请一定尽快介入！尤其在阅读领域，干预得越早、越密集，克服和弥补阅读问题的预后就越好。咨询孩子的学校以及你周围可获得的外部资源，找到干预途径。

改善学习障碍学生加工技能的干预大体分为两类。一类是针对加工弱势进行干预，另一类是找到弥补弱势的策略。这两类通常会一起执行。比如，如果孩子存在视觉－动作加工缺陷，主要表现在难以高效复制信息上，那么他可以与职能治疗师配合，共同加强复制信息的技能。与此同时，老师或家长可以教孩子使用键盘打字，这样他就能够使用计算机输入信息，而不是费劲地复制信息或者用笔和纸写下自己想法。

警示

有很多优秀的资源可以提供学习障碍的相关信息。学习障碍在线（LD OnLine）以及美国国家学习障碍中心（National Center for Learning Disabilities）这两个网站都为家长提供了丰富的信息。

医疗疾病

很多医疗疾病也能造成执行功能缺陷。创伤性脑损伤、大脑肿瘤以及癫痫等疾病都能造成不同程度的执行功能困难。正在接受癌症化疗的儿童和青少年也可能出现执行功能困难的副作用。

要点

> 如果孩子存在医疗疾病，你不仅需要告知学校，还要拿到一份信息发布表，让医生能够与孩子的老师进行信息共享。这对协调儿童的医疗和学校教职工双方的干预有帮助，也能够让老师了解孩子在课堂上可能会遇到哪些挑战。

睡眠障碍也是促成执行功能问题的一个罪魁祸首。睡眠呼吸暂停和低通气综合征就是两种影响睡眠质量因而对个体功能存在实质影响的障碍。想一下你睡眠不足时（可能是孕期前几个月）的感受，或者生病难以入睡时的感受，以及你是如何受影响的。现在，请你想象自己长期睡眠不足，你会发现自己越来越容易忘事，难以专注，还出现了其他与执行功能困难相关的症状。重要的是，通过咨询医学专家，排除睡眠问题是执行功能困难的原因之一。即使孩子没有被诊断为睡眠障碍，医生也能够帮助你为孩子建立良好的睡眠习惯，获得所需的充足睡眠。

睡眠呼吸暂停是一种会导致呼吸暂停的睡眠障碍，在 1 小时的睡眠中可能会多次出现呼吸暂停 10 秒至 1 分钟的情况。低通气综合征的危险程度低于睡眠呼吸暂停，它的主要特征是，过浅的呼吸或异常低的呼吸频率。这两种睡眠障碍都会造成白天精神不振，难以专注，以及情绪问题。

情绪障碍

在社交情绪领域，焦虑和抑郁都能造成执行功能损伤。尤其，儿童会表现出激活能量和发起任务的困难。有抑郁症状的儿童可能会在执行任务（比如，家庭作业或家务）上表现出拖延或动机缺乏。当儿童抑郁时，可能会表现出疲惫症状，这会让发起活动（尤其是不喜欢的活动）变得非常困难。他们甚至很难去做自己喜欢的事情，这种症状被称为“快感缺乏”。

当儿童存在焦虑症状时，你可能会观察到他们因为太过紧张或烦躁不安而难以开始一件事情（该症状被称为“反应过度”）。或者，如果儿童对做好任务的要求过于紧张，那么他可能会在一开始就出现抗拒行为。你可能会看到一个儿童或青少年在拖延学习，这样的话，如果成绩不好就可以说自己没有学习，而不是怪自己不聪明。在没有达到期待的结果时，拖延可以保护自负心。儿童或青少年还有可能出现考试焦虑，这种焦虑极大地“劫持”了个体的工作记忆。如果你对考试过度担忧，你的大脑就没有余地专注在考试内容上了。

事实

具体有多少学生存在考试焦虑症尚不清晰。根据美国考试焦虑症协会（American Test Anxiety Association）的数据，大约有20%的学生存在严重的考试焦虑，还有18%的学生可能存在中度的考试焦虑。

此外，焦虑和抑郁都会对个体的专注力造成严重影响。儿童的内心可能会因为悲伤或者担忧的干扰，而难以将注意力集中在学业任务上。将情绪干扰视作执行功能问题的潜在原因之一是非常重要的。你可以咨询孩子的医生、心理咨询师或精神科医生来获得具体的评估以及对干预的建议。

第五章

发起任务：降伏孩子的拖延症

开始就是成功的一半。有执行功能困难的儿童和青少年经常在主动发起上存在困难。他们可能会拖延，拖拖拉拉或者觉得压力太大而不知道应该从何入手。有人觉得这些儿童就像是在爬一座高山的“机动式火车”，让火车开始移动起来就需要花很长时间，但一旦开始了，它就能顺利缓慢前进了。这个“激活能量”正是发起任务的关键，而家长可以学习一些能够帮助“火车头”启动引擎的策略。

什么是发起任务

开始一项任务，比如家庭作业、家务，甚至是听从指令，远比表面看上去的样子复杂。大人似乎可以不假思索地经历这些过程而开始一项任务。开始一项任务时，所做的实际上包括：思考这项任务，想象自己做任务，想象开始和结束该任务可能的感受，以及事前对自己说一些话来鼓励自己完成任务，预测如果不做任务会有什么后果，在脑海中计划完成任务的步骤，思考执行任务的最佳时机，暂停正在做的任务，收集所需的材料，然后开始任务。

很多时候，儿童和青少年需要明确的指导才能完成这些步骤，尤其在他们存在执行功能缺陷时。家长可能不理解为什么自己的孩子不能专注在任务上，好好地把任务做完。其中的原因可能是，这些孩子比其他孩子需要的外部线索（比如，家长和老师向他们解释任务的内容，或者示范如何完成任务）更多。一些儿童和青少年还可能在预测完成任务的积极结果或不完成任务的消极后果上存在不足。这些儿童会因为不开始（或不完成）任务而持续得到消极后果，但他们仍然继续一次又一次地推迟任务。在青春期，这可能会体现为严重的拖延症。为了支持有发起任务困难的儿童和青少年，我们需要理解根据年龄和发展阶段的不同，协助任务完成所需的干预程度是存在差异的，这一点非常重要。

幼龄儿童（1—4 岁）

当你面对的是一个学步期或学前期的儿童时，你可能会觉得想要教他们执行功能技能很傻。学步期儿童是“生活在当下”的，他们还没有能力思考和计划未来的事情。他们的语言也有限，因此他们不能通过自我对话来梳理复杂任务。你能想象一个学步期儿童说“我要去拿毛衣，免得待会儿在公园的时候会降温”，或者“我现在不是很想收拾碗碟，但是我还是会这么做，因为做完后就有自由玩耍的时间了”吗？不过，家长还是可以做一些事情来培养自我调节的基础，促进执行功能的发展。尤其是，支持发起任务技能的方法有很多种。

转换的提示

为了让学步儿童能够完成任务或者遵循指令，首要的学习内容就是帮助他们停止正在做的事情。这种转换对于开始一项新任务而言可能是最困难的一环。比如，如果现在到了洗澡时间，而学步儿童还在忙着玩玩具，那么他就必须停止玩耍。他可能需要把玩具收起来，然后进入浴室的浴缸。任何曾经尝试过在儿童特别开心地玩玩具时突然打断他们的人都明白，这有多么艰难！想象一下，如果你正在愉快地和朋友交谈，有人没有提前告知就突然让你去洗澡，你会是什么感受呢？你可能也很生气。

支持儿童向新任务转换的方法有很多种。首先，给孩子一个言语提示，告知他即将停止正在做的事情。这些提示可能类似于“还有 2 分钟，你就要把玩具收起来去洗澡啦”。然后，在即将转换时，再给一个提示：“好的，2 分钟到了。现在要洗澡啦。”如果这奏效了，那么恭喜你！如果你遇到了反抗，那么你可以用言语描述孩子可能在想些什么，并尽可能把新任务描绘成很有趣的样子，“我知道，在你玩得开心的时候要停下来很难，但是我们可以继续在浴缸里玩呀！”。

警示

幼龄儿童并没有很好的时间观念，所以你可以提供视觉辅助来展示离转场还有多长时间。比如，你可以在手机上设计时器，或者使用厨房用计时器，让你的孩子知道计时器停下的时候就是转换的时候了。

有时候，转换也可以用音乐或者歌曲进行辅助。大部分学前班都用音乐提醒整理时间，或者由学生一起唱整理的歌。这其实是有道理的，因为音乐是一个绝佳的转换提示。你可以借用电视节目、少儿音乐、孩子学校的转场歌，或者自己制作的转换音乐。在所有转场的情境中唱同一首歌，这样孩子就能习得这意味着自己即将要改变活动了。这么做会让整个过程变得有趣一些。你可能仍然会遇到反抗，但是只要坚持，孩子就能够学会。

示范转换语言

即便幼龄儿童还未发展出语言，他们也在处理和理解语言。研究显示，即使是 6 个月大的宝宝，他们也能知道你在说什么。因此，当你大声说出关于转换任务的话时，他们正在对大人即将开始一项新任务所经历的无声思考建立一种理解。这对他们独立开始任务来说是非常珍贵的体验。

事实

你知道吗？其实早在儿童能够说话之前，他们就能理解和记忆有关转换的事情了。这是因为儿童拥有“非言语的工作记忆”，他们的脑海中有一幅描绘了转换之前和之后分别发生了什么的图像。虽然他们并不能通过说话来告诉你，但是他们正在记忆并内化事件发生的顺序。

为了理解转换，学步期儿童最先需要理解的其中一个语言概念就是“首先……然后……”。这种表述可能是“首先我们会玩玩具，然后我们去洗澡”，甚至更简单的“首先衬衫，然后裤子”。所有类型的任务都能用“首先……然后……”进行表述，这能够帮助儿童建立对顺序的理解。它还能让儿童理解，自己有时候必须先做一个不喜欢的任务（例如，收拾碗碟、吃蔬菜），然后才能做一个喜欢的任务（例如，玩玩具、吃甜点）。随着孩子的成长，你可以采用“首先……接着……最后……”的表述来建立他们对于三步指令的理解。你可以先说出三步指令的表述，然后在做每一步时分别强调转换词。比如，“首先把玩具收起来，接着去拿洗澡的玩具，最后去洗澡。好的，首先把玩具收起来……”

另一个能够大声示范的语言概念就是“之前”和“之后”。它采用的示范方法与“首先……然后……”大体一致。不过，它的概念更难学一些，因此尽早使用它并经常练习是有帮助的。并且，它是儿童进入学校后的一个重要概念，因为老师们总是在用这个表述（比如，“在午饭之前，我们要做一个拼写测验”或者“做完数学练习之后是自由活动的时间”）。你可以使用“之前”和“之后”的表述谈论时间。比如，如果一个学步儿童问“爸爸在哪里？”，你可以说“他会在你睡醒之后回家”。重要的是，在事件发生时，再次指出这些表述以强化记忆（比如，“看，爸爸回来了。记得我说过你睡醒之后他就会回来了吗？他回来啦！”）。

警示

一些儿童在理解和表述语言上存在困难，他们可能需要额外的干预才能理解并使用“首先……然后……”“之前”和“之后”以及其他语言概念。如果你对孩子理解和使用语言的能力有一些担忧，那么你可以向言语治疗师咨询具体的情况。

视觉支持

因为幼龄儿童的语言仍在发展，他们可能需要视觉支持以便更好地理解转换。有执行功能困难的儿童可能缺乏视觉化的能力，因为他们不知道开始一项任务看起来是什么样子的，所以不知道该从何下手。这种状况就像有人让你不看盒子上的图片去完成一幅拼图。虽然可以做到，但是如果你知道最终的拼图是什么样的，整个过程显然会更容易。

如果要孩子开始一项任务，你该如何提供视觉支持呢？方法有很多，根据儿童在执行功能上的困难程度不同，干预级别也有所不同。一些家长觉得仅仅是用手指着新任务（比如，指着浴缸）就足够了。一些家长发现他们需要给孩子展示一幅转换场景的图片才能奏效。这些图片可以来自书本、网络图片或者绘画。总的来说，真实的照片比绘画的效果好一些，不过大多数时候，两者都是有效的。如果儿童真的很需要转换的支持，那么你可以拍一张儿童在其他时间做这项任务的照片，然后洗出来。比如，拍孩子玩耍、整理和洗澡的照片，然后洗出来。按照顺序把照片排列好，在你给出指令的时候展示给孩子看。你还可以在教学用品店购买透明挂袋，用来做视觉时间表。或者，如果你很心灵手巧，那么你可以在每张照片的背后贴魔术贴或磁贴，把它们贴在墙上或冰箱上。你可以横着或竖着进行排列，但是应该按照从上到下或者从左到右的顺序。接下来，在转换时，你就可以按照正确的顺序排列图片，然后向孩子展示事件的顺序。

强化

幼龄儿童需要积极的反馈，这一点是无须多说的。一些儿童能够为社会性因素所驱动，一句“做得真棒！”或者“我为你自豪！”就足够了。此外，表扬还应该具体指出儿童做得好的地方以及你对什么感到自豪（例如，“妈妈让你把玩具收起来，你就听话做到了，真棒！”或者“你能够听我的指令去拿洗澡的玩具，我为你自豪！”）。表扬还可以是递进的。如果你的孩子只完成了一部分任务，那么你可以表扬他做到的部分，这能培养他下一次完成任务的毅力（例如，“我很开心你能把积木收起来。这次我会帮忙收拾火车”）。

还有一些儿童需要更多具象的奖励才能理解做出期望行为与获得奖励之间的联系。或者，他们理解两者的联系，但是他们更希望以贴纸或奖品的形式看到自己的良好行为。为儿童设置正强化方案的途径有很多，不过其基本前提大都是类似的：定义期望行为（例如，洗澡），提醒儿童有奖励（例如，“你做完后就能得到一个贴纸 / 选一本书 / 特别的零食”），在儿童做出期望行为后尽快提供奖励。幼龄儿童“只能看到眼前的事物”，所以如果有很长的时间延迟，他们可能无法理解自己获得奖励是因为做了被期望的行为。甚至，他们可能建立错误的联结，因为他们在做出期望行为和获得奖励之间做了其他事情。比如，如果你的孩子洗澡了，10 分钟后，他因为刷牙的事情发了脾气，而你给了他洗澡奖励的贴纸，那么他可能会误认为贴纸是因为发脾气得到的，而不是洗澡的奖励。

警示

因为儿童做出不良行为而剥夺贴纸，看起来是一个诱人的提议，但是并不推荐。因为贴纸应该代表一件事情：如果做了 A 行为，我就可以拿到贴纸。请思考不良行为的其他后果。儿童应该为了赢而做，而不是为了不输而做。

此外，如果你给出的贴纸可以在后续换取奖励（比如，集满十张贴纸可以给儿童一个特别的零食），那么请确保在刚开始时，这个标准是足够低的，让儿童能够尝到胜利的滋味。当儿童越来越顺利后，你可以慢慢提高标准，但是如果一开始就把标准设置得过高，儿童可能会直接放弃。

小学期儿童（5—12 岁）

当儿童到了上学的年龄，每升一年级都会被要求能够更顺利地开始任务，以及更独立。从幼儿园到二年级的儿童大多在开始任务上能够获得更多的指导，但是到了三到五年级，老师开始减少支持，希望培养他们的独立学习技能。于是，儿童被期望能够立刻开始任务，甚至能够在老师告诉他们做什么之前就预测到自己应该开始动手了。执行功能较弱的儿童每年遇到的挑战越来越大，在学习如何开始任务上所需的支持也一直比同伴多。家长可能也会注意到，让孩子开始做家庭作业变得越来越难，他们把任务拖到最后一刻的频率也越来越高。

普雷马克原理

普雷马克原理是一个社交心理理论，指的是人们为了一项渴望的任务而被激励完成一项不喜欢的任务。比如，如果儿童喜欢看电视，那么家长可能会制定一个必须先把晚餐的碗碟收拾完才能看电视的规则。根据这个理论，后续的奖励使得清理碗碟更有可能发生。就像幼龄儿童正在学习“首先……然后……”的顺序一样，小学生也在学习如果完成了不喜欢的事情，就会有空余的时间去做想做的事情。

不幸的是，许多有执行功能困难的儿童不会自然而然地遵循雷普马克原理行事。他们可能会对规则有争论，不管不顾地做自己想做的，或者抱怨规则不公平，对此有情绪反应或者发脾气。其中一部分原因是，他们很难想象未来当自己能做想做的事情时会有什么样的积极感受，而只能专注在自己要做不愉快任务的负面感受上。家长可以通过让他们描绘事情完成后是什么样子的来提供帮助（比如，“我会躺在沙发上享受我最喜欢的节目，我的爸妈在微笑”）。家长也可以问儿童完成任务后会是什么感受（比如，“我会为自己做完了而感到自豪，我会感觉一身轻松，可以看电视了”）。此外，承认儿童的负面情绪（比如，“我知道你现在不太想开始做数学作业”），提供鼓励和支持（比如，“我会帮你开始，这样做完后你就能去外面玩啦”），也是有帮助的。

警示

在把问题归结为存在发起任务困难之前，确保孩子知道如何做任务。把儿童无法独立完成的大型任务分解为他们可以完成的小步骤。你可能需要首先向孩子展示如何做小步骤，然后给他们练习每个步骤的机会。

选择的力量

如果儿童需要同时开始执行多项任务，那么他们可能会无从下手。比如，被布置了多门科目的家庭作业后，儿童可能会选择从最简单或者最难的作业开始，或者也可能完全拒绝开始。你可以首先帮助儿童对每个作业的难度做一个评估，之后制订一份总计划。比如，儿童可以按照“简单”“中等”或“困难”的标签分类家庭作业，或者按照十分制（1 分代表非常简单，10 分代表非常困难）给每份作业打分。然后，儿童可以决定自己想要先完成难的任务，还是想要先做简单的任务以轻松地开始。这个过程能够帮助儿童了解哪种方法最适合自己。这样还能给儿童赋予一种权力，因为他们能够决定先做什么。他们可能无法选择有没有家庭作业，但是这些小的选择仍然具有一定的激励作用。

事实

能够选择任务完成顺序的儿童将更多的时间用在专注于任务、任务完成度以及准确度上。

教学目标设定

进入小学的儿童能够提前一两天进行计划了，也逐渐可以设定目标了（比如，“我今天晚上需要完成读书报告，还有两天就要截止了，而我明天整晚都要练习足球”)。同时，他们还在学习记住一整周的规划（比如，“我周二要踢足球”)。当然，儿童很有可能仍然需要提示以及家长的支持才能提前思考。帮助儿童发起任务（比如，读书报告）的一种方法是，帮助他们设定完成任务的目标。一些儿童会因为某个项目或学习的截止日期不是明天就打算拖延。

用带有标记（比如，足球的图片，代表测试或者截止日期的标记）的家庭日历表，可以帮助儿童记住时间表，并为完成任务而制订计划。他们能够视觉化距离截止日期还有多长时间，并设置截止日之前每晚的目标是什么。重要的是，在截止日期后，家长需要与儿童回顾并讨论用到了哪些成功的策略（比如，“我很高兴你这周末先拟了草稿，这样在截止日前一天完成报告就没那么大压力了”)。这种反馈能够帮助儿童“存档”按时开始任务而不是拖延的成功体验。

要点

设置目标是执行功能的一个核心特色。它能够帮助儿童和青少年提前思考并开始评估自己是否能够达成目标。计划和反思的过程对于独立性的培养必不可少。

建立家庭作业的流程

如果建立了流程，那么开始做家庭作业的任务就会更简单。如果儿童在早期的学校生活中形成了习惯，那么这对他们长大之后主动发起和监督流程是有帮助的。建立家庭作业流程的第一步是，为写作业设计一个空间。这个空间应该没有科技产品和电子屏幕（比如，电视、网络和手机），并且空间较大，照明充足。下一步是为家庭作业设计时间。是儿童刚回家的时候吗？还是在吃完零食休息了一段时间后？晚餐过后？运动过后？有一些儿童需要回到家后先休息一下，就像大人工作一天后需要休息一样。而有一些儿童不能先休息，因为他们一旦休息就很难回到学业任务中。每个家庭都需要进行实验才能找到儿童最有效率的学习时间。

在建立流程后，最关键的一点就是坚持。知道家庭作业的固定流程的儿童对此产生争论的可能性比较低，因为这已经成了对他们的具体期望。如果你有时候允许电视机开着，有时候不允许，那么孩子会一次又一次地对你提出开电视的要求。

青少年（13—18 岁及以上）

青少年在发起任务上可能会表现出独特的困难，因为他们开始渴望独立，摆脱家长的监督。如果你有一个在执行功能上存在困难的青春期孩子，那么你将面临两难的局面。他们在计划、组织和遵循计划等技能上的发展滞后导致他们并没有做好独立的准备。

晚间流程

与上小学的儿童一样，让青少年为完成家务和家庭作业建立一致的晚间流程，也非常重要。然而，有时候，青少年反而更难实现这一点，因为他们经常需要同时应对更多的活动、运动和学校科目。于是，他们可能不得不在很晚的时候写作业，甚至有些青少年声称他们只有在深夜时才能学习。他们可能需要拖延，借此感到压力而强制自己完成任务。

事实

根据美国国家睡眠协会（National Sleep Foundation）的数据，青少年每晚大约需要 9.25 小时的睡眠时间才能实现最佳功能（对一些人来说 8.5 小时就足够了）。大多数青少年都没有获得充分的睡眠——一项研究发现，只有 15% 的青少年报告自己在上学时有 8.5 小时的睡眠。

更糟糕的是，大多青少年都在睡眠模式上出现了转变，他们直到深夜才会感觉到疲惫。这种“睡眠偏移”造成了睡眠缺乏，尤其当他们因为拖延而熬夜写作业，第二天又不得不早起上学时。这也是为什么让青少年建立晚间流程并养成良好的睡眠习惯非常重要的原因。如果孩子在发起任务上存在困难，那么在你针对这个领域进行干预后，孩子的睡眠问题也有很大概率得到改善，因为孩子能够更早地上床睡觉了。

疑问

我 16 岁的女儿声称自己到半夜 12 点才能睡着，但是她必须早上 6 点起床去学校。我很担心她会长期睡眠不足，我该怎么办呢？

首先，你需要跟孩子的医生讨论这个问题，排除是否存在疾病这个影响因素。然后讨论如何培养健康的睡眠习惯。还有，询问孩子晚上没有睡觉的时候都在做些什么（例如，思考、担心某些事情、使用电子产品、做作业），并针对这些问题进行解决。

拖延症

你的孩子是否有拖延症呢？他是不是总把事情拖到最后一分钟才做？他是不是声称自己没有压力就没办法工作？是不是原本只需要花半个小时的事情，他却要花好几个小时才能做完？这些都是拖延症的信号。拖延症就像是一只吞噬青少年时间并以焦虑为食的怪兽。教青少年如何与拖延症抗争是成为成功的学生的最重要工具之一。

控制拖延症的其中一个技术是，让青少年理解为什么这很重要。人们陷入拖延这个恶性循环的一个原因是，它具有极高的强化作用。为什么呢？因为，如果你推迟了某件事情（比如为考试而学习），并且完成得很好，你就能对自己说：“我很聪明！我根本没怎么学习就做得很好！”如果你完成得不好，你就能对自己说：“这是因为我直到最后都没有学习。”不管用哪种方式，你都保护了自尊心。也就是说，拖延并没有即刻的结果（即使考试考砸了，也可以借口说这是因为没有努力）。当青少年了解到拖延为什么如此有效后，他们可能会开始思考自己拖延的原因是什么。会不会是因为拖延可以在他们做得不好时保护他们，不让他们太难过？如果是这个原因，那么干预方向主要应该是教青少年学习承担风险。

另一个教青少年控制拖延的策略是，教他们一些技巧开始去做他们不想做的事情。这些技巧包括把大的任务变成小的。比如，如果你告诉自己，“我永远都没办法写完这篇论文，它太长了”，或者“我不想写这篇论文，因为这太难了”，或者“这些数学题太无聊了”，那么你很有可能根本不会开始。如果把这些夸大的描述缩小为可掌控的，那么开始（并结束）任务的可能性就会高得多。因此，你可以告诉自己“这篇论文可能很长，但是我可以只写论点”，或者“虽然这篇论文看起来很难，但是我可以先写提纲，然后看情况”，或者“这道数学题很无聊，但是我可以先写 10 分钟，然后去休息一下”。很多时候，一旦他们开始着手做了，任务就没有想象得那么困难、费事或者无聊了。即使任务的确很有挑战性，他们也已经取得了一些进步，这可能会激励他们继续努力。

干扰也会加重拖延。在一个只要稍稍动一下手指就会有精彩画面出现的世界里，到处充斥着社交网络，最新的明星八卦，只需下载就能看到最爱的电视节目，也难怪青少年会推迟写作业这样单调的事情了。一些青少年报告，他们倾向于有分心物陪伴，因为这会冲散写作业的单调程度。问题是，研究显示，这些干扰不利于学习和记忆。你可以教孩子，把玩科技产品作为建立成功的学习流程后的一种奖励或者休息。与孩子讨论，在艰难的学习中，他们容易在哪些时候停下休息，最终导致拖延。是当她遇到困难卡住了的时候？是当她觉得无聊的时候？从让孩子反思拖延行为的诱因开始，对此设定干预方案。

认识并回避失败的陷阱

除了拖延之外，还有很多影响发起任务的自我设限想法和行为。一些学生仅依据学业表现来评价自我价值。如果这些学生还存在执行功能困难，那么他们很可能对是否有能力改变这些负面行为模式感到绝望。比如，一个习惯了不怎么努力的学生每次都是拖到最后一分钟才开始写作业，这么做的一部分原因是当结果不好时，就可以怪自己付出的努力太少。其他一些学生甚至把自己的成功归结于“运气好”，而不是努力。家长可以帮助存在这些想法的学生正确地理解实现成功的途径是什么。家长可以强调努力、坚持、积极主动、寻求支持以及忍耐失败的重要价值。

要点

家长在鼓励儿童改变行为模式中占据了非常重要的角色。首先，家长需要认可儿童的感受，然后通过头脑风暴提出可行的方法。让儿童知道每个人都会时不时地在开始执行任务上出现困难。让这个过程变得常态化会让孩子觉得寻求帮助没那么不好。

视觉化

青少年可能会表现出没有动力开始做任务，尤其当他们存在执行功能困难时，他们可能会无从下手。用稍微不同的角度看待动机可能会有帮助。人们通常认为，有动力完成学校布置的任务是一种人格特质，实际上，这属于一种情境特质。把动机看作情境特质可能会帮助青少年着手做不喜欢的任务。就像成人一样，青少年受到很多因素的影响，有时候会比其他人更有动机。这些因素包括：任务的类型，任务是否有趣或有用，与下达任务者是否有良好的关系，是否有其他更有意思的竞争任务，以及任务是否困难等。帮助孩子找到他有动力的时刻，这能显示他并不是一个“毫无动力”的人，而是既有充满动力的时刻，也有缺乏干劲的时刻。这能够防止失败主义的思维模式（例如，“我很懒惰，大多数时候都没什么动力，所以我没什么能做的”），还能鼓励支持发起任务的思维模式（“我很喜欢做数学题，因为我很擅长，但是我在写这篇论文的时候需要更多的支持，因为这不是我最喜欢做的事情”）。

一些存在执行功能困难的青少年无法自动地将未来他们完成任务后的积极情绪视觉化。与之相反，他们被困在当前的消极情绪之中。将未来的积极情绪视觉化可以促进任务的主动发起。比如，你可以引导青少年思考，当他们完成所有任务后，看起来会是什么样子，会有什么感受（比如，“我在床上，和朋友聊天，不用担心还要做什么”，或者“我正在交作业，因为按时上交了，所以从老师那里得到了‘笑脸’”）。想象的画面有时候可以成为开始任务的催化剂。

社交媒体和拖延症

社交媒体给难以发起任务的青少年制造了障碍。为什么呢？因为它们太有强化作用了！青少年可以通过手机和计算机接触所有朋友以及社交世界。当有人上线，有人点赞了他们发布的内容，或者有人想和他们聊天时，就会出现提示。每次提示都有可能将他们的注意力从分析美国南北战争原因的论文上转移到更有意思的事情上。更有甚者，还有无数视频、图片、电视节目和互动式视频游戏会占据青少年做作业或家务的时间。许多时间因为拖延而浪费了，于是他们不得不熬夜完成任务，但只是为了完成任务而不重视质量，或者最后根本没有完成。那么，家长该如何帮助儿童和青少年学习并养成良好的媒体使用习惯呢？

要点

设计一个在孩子写作业时能够限制科技产品干扰的系统。在孩子年纪比较小（由家长决定）时，这个系统是相对“自上而下”的；在孩子年纪较大时，则应该是更加合作式的。在儿童上学阶段的早期建立起使用科技产品的规则，对培养良好的写作业习惯是有帮助的。

首先，重点是家长和儿童一起为写作业期间的多媒体使用建立规则。强制规定“不能使用多媒体”多数时候不现实。一些学生确实需要网络才能完成学习任务。另一些学生也声称，他们需要使用社交平台、即时信息或短信从朋友那里获得有关学习任务的信息，因此需要手机或计算机。然而，给朋友发一则关于学习任务的短信很可能会引发关于其他事情的漫长闲聊。在研究论文和狗滑滑板的视频之间只隔着一次点击。因此，无限制地使用多媒体也是不合适的。你可以与青少年谈论什么才是公平的方式，既允许使用，又能防止分心。一些青少年同意在某个时间点后完全不使用媒介（晚上 10 点后不使用网络或手机）。一些青少年可能同意在公共的房间里写作业，这样家长就能时不时地进行监督，确保计算机是用来完成学校布置的任务的。还有一些青少年可以接受自己的房间里没有任何电子产品，但是他们可以在家长能够看到的地方使用计算机完成与学校有关的任务。还有一种折中方案是，家长管控社交媒体的使用，但不限制其他网站的使用。其中的关键在于，你应该和青少年共同配合制定和执行规则，如果他们违反了规则，你就可以介入，进一步加强限制。从一开始就执行生硬的规则可能会事与愿违，因为青少年正处于一个想要变得更独立和想要自己做决定的年龄段。因此，与他们一起做选择可能会让他们更配合。

事实

你知道青少年能够限制自己接触多媒体网站吗？你的孩子可能有足够的自我意识，知道自己需要拒绝一些诱人的网站。有一些网站和软件应用可以设定限制时间。

对于没有自控力来停止使用社交媒体或其他消遣渠道的青少年来说，另外一个有效的策略是，建立“无科技产品”的家庭作业区，这里没有手机、计算机和网络。当需要使用网络时，他们可以在另一个区域借用家庭计算机或者家长的便携式计算机。这能营造出一个让人更专注的学习空间，在他们需要信息时也不会妨碍他们使用计算机。

第六章

反应抑制：教孩子控制冲动

反应抑制指的是控制冲动以及能够抑制自己做想到的第一件事的能力。儿童最初是通过大人预测问题并阻止他们冲动说话和行事而发展出这些技能的。比如，如果一个幼龄儿童在十字路口附近，那么家长可能会警告他们要注意车辆，还会拉着孩子的手引导他们在过马路时看两边。随着儿童的成长，这些控制逐渐内化，他们慢慢不再依赖成人来保证自己的安全，变得能够在行动前先思考了。然而，存在反应抑制困难的儿童和青少年可能更依赖于外部控制，需要更多的指导才能思考自己所说和所做的内容。

控制冲动的重要性

反应抑制对于儿童和青少年的安全是必要的。儿童天生喜欢爬来跑去，他们需要在必要时慢下来的能力，以保证安全。青少年需要有能力控制冲动，不做一时兴起的事情（比如，酗酒、吸毒、性爱），以及能够思考更长期的结果。

除了人身安全之外，儿童和青少年还需要控制冲动来交友和维持友谊。有的时候，有执行功能缺陷的儿童缺乏“社交过滤器”，无法阻止自己想到什么就说什么。社交顺利的儿童知道不需要说出脑中的想法。而有反应抑制困难的儿童可能会对同伴说一些不友好的话，他们不是出于恶意，而是因为无法预见同伴会怎么接受这些评价。冲动的青少年在使用社交媒体时也可能出现社交问题。比如，他们可能会草草地在其他人的社交平台页面留下评论，而没有想到会被其他人看到，也没有思考其他人会怎么解读这条评论。片刻之间，一条留言就可能造成后续评论的爆发和不必要的闹剧。

冲动的儿童和青少年还有可能对情境做出即刻的情绪反应，甚至出现攻击性行为。他们只专注某个情境的某个方面而失去了全局观。比如，如果一个孩子觉得某个同伴不公平，或者在游戏中作弊，那么他可能会掀翻整个游戏说不玩了。冲动控制更好的儿童可能会询问那个同伴是否记得规则，问清楚同伴在游戏中做了什么，或者请老师或家长帮忙解决问题。与之相对，存在冲动控制困难的儿童只专注于不公平，而没有站在其他孩子的角度上思考，也没有考虑过可以采取什么步骤来解决问题。

最后，冲动也会出现在学业情境中。存在反应抑制困难的儿童经常在课堂环境中制造混乱。他可能将答案脱口而出，与同伴交谈而不学习，没有经过允许就使用不是自己的物品，抓和玩那些不应该玩的物品，或者未经同意就离开座位。有冲动问题的青少年可能会在课上将答案脱口而出，并说闲话。此外，他们还报告会焦躁不安，需要站起来走动一下。对于儿童和青少年而言，冲动都会对实际的学习效果和准确度造成影响。一些学生可能会因为没有仔细阅读指令而以错误的方式完成作业。他们可能认为自己在指令给出前就已经知道要做什么了，而实际上是有偏差的。一些学生能够阅读指令，却无法仔细关注细节，因此做了错误的事情，比如要做减法却算了加法，或者阅读了错误的内容。

要点

冲动的儿童还有可能比不冲动的儿童更容易有大量的身体接触。他们可能会冲动地用手抓、摸或进入他人的私人空间，而没有意识到这是不恰当的或者有侵略性的，直到这一切都太晚了。对此，有一种干预方法就是细致地教授社交规则，比如“大部分人都喜欢距离其他人一臂之遥”或者“征求他人的同意而不是直接去抓”。

存在反应抑制困难的儿童和青少年可能还会在阅读时表现出冲动性。他们可能仅凭前几个字母就猜测单词的意思。他们可能读得很快，但错误百出。比如，他们看到“国王的王冠很闪亮”的句子，却读成了“国王的拥挤很闪亮”，因为他们刚看到“crow-”这几个字母就猜测是“crowded（拥挤）”，而不是“crown（王冠）”。这改变了句子的意思，让句子变得不通顺。因此，错误和冲动的阅读会造成阅读理解问题。

事实

有时候，大声朗读对有冲动问题的儿童和青少年来说是有帮助的。这能降低他们的阅读速度，并且当其他人听到错误时，也能够提供帮助。

不管儿童和青少年的冲动性是如何表现出来的，有证据显示，教授延迟满足和管理冲动的技巧能够提高他们的生活质量。许多研究都显示，抵制诱惑的能力存在积极效果。

斯坦福大学的棉花糖实验

在20世纪60年代，斯坦福大学的研究者开展了一项对幼龄儿童和延迟满足的好处的研究。这项研究是里程碑式的。他们把儿童安排在一间装有单向镜的房间内，给儿童一块棉花糖（或者其他零食），然后在镜子的另一侧进行观察。研究者告诉儿童，如果他能在测试者回来之前都忍着不吃，就能得到两块棉花糖。研究者会观察该名儿童能否控制住想吃棉花糖的冲动。该研究还对参与实验的儿童进行了多年的后续追踪，发现能够等待并得到第二块棉花糖的儿童在之后的人生中有更好的结果，这包括一系列测量指标——高考成绩、受教育程度以及健康的体重。这些研究表明，反应抑制或自我控制以及为了获得将来的奖励而延迟满足的能力，是获得成功的一个重要的执行功能技能。

要点

你可以通过玩游戏来用一种有趣的方式培养孩子的抑制技能。“西蒙说（Simon Says）”和“红灯停，绿灯行（Right Light, Green Light）”就是两种可以教孩子在行动前暂停并思考的游戏。

如今，科技产品可能就是儿童生活中的“新棉花糖”了。每一次手机或计算机的提示声响起，都在提醒你有意思的事情正在发生，你很难忽略它们。即使是成人，也觉得难以抑制自己在完成项目或任务的途中做出检查邮箱、语音信息和短信的行为。但是研究显示，人类并不特别擅长执行多重任务。这种频繁的任务转化会干扰更深层的思考技能，导致更低的工作质量、更多未被检查出的错误以及更长的任务完成时间。抗拒“科技棉花糖”可能就是成功完成任务的关键之一。

给“行动先于思考”儿童的策略

如果你的孩子存在反应抑制困难，该怎么办呢？如何培养和加强这些技能呢？帮助冲动儿童的策略有很多。

预测

冲动行事的儿童在开始行动之前通常都会发出警示信号。这些信号很可能转瞬即逝，但确实存在！你的任务是寻找这些警示信号，比如越来越严重的沮丧、躁动或过度兴奋。这些感受通常会导致冲动行为。不同的儿童表现感受的方式也各不相同。比如，一些儿童会通过面部表情表现挫败感，另一些儿童可能会握紧拳头、叹息或者发出愤怒的声音。关键在于识别并意识到你孩子的警示信号是什么。当你看到这个信号后，你就能重新引导，提供辅助，把儿童从该情境中移出，或者鼓励他们使用冷静策略。比如，如果儿童正在玩游戏，而你看到他变得沮丧了，你就能介入并引导他做一次深呼吸或者暂停游戏，稍作休息，或者让他用自己的话来分享当下的感受。或者，如果你看到孩子在写作业的时候把头埋在双手里并叹气，那么他可能正处于想要敷衍了事快点写完数学题的状态中。你的任务是记录下冲动行为之前发生了什么，并进行干预。最终，你希望儿童能够认识到自己的信号并据此调整行为。在干预的时候，你需要说清楚具体的理由，这能帮助儿童了解如何识别那些能触发自己反应的因素。

警示

有时候，儿童缺乏表达感受的词汇。如果儿童不知道自己的感受是什么，那么你可以通过问“你现在在想什么？”来获得一些线索。

教学替代行为

一些存在反应抑制困难的儿童会出现冲动行为，因为他们没有练习过其他可以做的行为。比如，如果儿童经常不经过允许就动用你的东西，那么你需要教他可以做什么来进行替代。因此，如果你注意到孩子没有询问就擅自拿东西，你就可以让他停下来，并说：“我们重新试一次。你可以问我‘能不能用这个东西’吗？”等孩子询问了之后，你再把物品给他，作为询问这个行为的强化。如果不允许他使用这个物品，那么可以重新引导他拿另一个可以用的（比如，“你不能用我的剪刀，但是我很乐意帮你找儿童用的剪刀，这样你就能做任务啦”）。

为了避免儿童出现脱口而出或者随意打断的情况，你可能希望教他们一些方法，让他们可以有礼貌地加入对话。就像老师会要求学生在说话前先举手，并且只选择那些安静的儿童回答问题，你也可以无视你不期望的行为，或者将之重新引导到你期望的方向上。比如，你可以教孩子，当他想加入对话说些什么的时候，可以先说“打扰一下”，你可以在孩子打断对话后给出提示（比如，“你能在加入对话说出自己的想法之前先说‘打扰一下’吗？”）。你也可以教授非言语线索，比如在想加入对话说些什么的时候先举起食指。同时，你还需要示范这些言语以及非言语行为，并且指出来（例如，“当我的朋友已经在和其他人交谈的时候，你看到我是怎么过去与朋友开始对话的了吗？我走过去，等朋友停止交谈时再说‘打扰一下’。这就是获得他人注意力的方法。”）。有的时候，在成人看来是显而易见的东西，对于冲动的儿童来说，都需要事无巨细的教学。

要点

教授冲动的儿童和青少年可以做什么而不是不能做什么非常重要。你需要稍微改变一下表达。不要说“不要打扰我”，而是说“当我正在说话的时候，你要说‘打扰一下’”，或者告诉孩子“请等我说完”。这样，孩子才会知道自己被期望做的行为是什么。

找到儿童做得好的地方

有着冲动和反应抑制问题的儿童总是陷在负面反馈的循环中。他们与成人的互动大多是关于行为纠正的（比如，“不要随便说话”或者“等轮到你的时候”）。这对亲子关系的培养是一种限制，因为积极正向的互动占比更少。不管什么时候，当你看到孩子正在耐心地等待时，请确保向他传达了你很高兴他能保持耐心的信息。找到孩子做得好的地方，告诉他具体是哪里做得好，并表扬。具体（比如，“我很高兴你没有在我打电话的时候打扰我”）和真诚很重要。儿童和青少年很轻易就能读懂虚伪的赞美。你需要真正花时间去注意，孩子在什么时候是在控制、抵制诱惑或者表示克制。

警示

当儿童做出了冲动行为时，他们需要的是简短的引导而不是长篇教育。一两句话就可以了（例如，“你在用我的东西之前需要先征求我的同意。你能先问我一下吗？”而不是“为什么你总是拿我的东西？我总要一遍又一遍地告诉你！你要停止那么做……”）。在你长篇大论的时候，儿童基本上都在屏蔽你。

给粗心大意儿童的策略

除了行为冲动之外，反应抑制困难的儿童还会在完成学业任务时粗心大意。这些儿童总是会跳过指令，误读信息，或者在没有明确具体要做什么之前就开始任务。或者，他们可能会直接跳到问题中，然后在途中迷失方向。

寻找模式

帮助容易在学习中冲动的儿童的第一步是，找到让他们感到困难的学业任务类型。他们是不是在数学或阅读任务上犯了更多粗心的错误？是不是因为太急于表达自己的想法而总在写作任务中遗漏字词？视觉上过于“拥挤”的作业对他来说是否成问题？你看见过他不注意数学符号（比如加号和减号）的情况吗？询问老师，冲动问题是导致孩子在所有科目上都有粗心大意的情况，还是只在几门科目中有这种情况？这样，你就能够确认可以被针对性干预的困难模式是什么。

教学“系列流程”

教儿童一套确保准确率的流程或程序，这也是一种帮助冲动儿童的方法。一旦你确定了需要干预的领域，就可以教儿童一个在其他作业中也适用的系列流程。比如，如果孩子总是因为略过题干而在数学应用题上很受困扰，就可以教孩子一套解决应用题的系列流程。

1. 把题干完整地大声读出来。
2. 为这个问题画一幅画。
3. 圈出有关数学运算的关键线索（比如，多于、少于、更少、等于及还剩多少）。
4. 提出问题。
5. 做题。

6. 检查。你的答案讲得通吗？

如果是（英语）写作任务，你可以教授孩子校阅流程，这样孩子就能记住在写完一篇后需要做些什么。比较常用的策略是“COPS”。

1. 大写（Capitalization）：检查每句话的第一个单词及专有名词的首字母是否大写了。
2. 整体（Overall）：整体的呈现和可读性（空格、易读性、段落缩进、整洁性、句子完整性）如何？
3. 标点符号（Punctuation）：标点符号正确吗？句尾是否有句号？疑问句是否有问号？
4. 拼写（Spelling）：拼写正确吗？

总的来说，这套系列流程应该是简短的，3～6 个步骤为好。你可以与孩子的老师合作，强化那些已经在课堂中使用的系列流程。你可以在便利贴或者索引卡上写下步骤，这样儿童在家里和学校中都可以进行查阅，以便他们建立一套解决多步骤问题的流程。

预计

教儿童在直奔主题前先预计任务要求，确保他们完整地理解任务要求。很多时候，有冲动问题的儿童不仔细看自己被期望做些什么。如果孩子被布置了一项任务，比如一张作业纸，那么在他开始做之前，先让他大声读出指令，看看问题的数量和类型，然后再向你复述他的任务是什么。在完成任务后，你可以检查孩子是否完成了所有内容。这个过程能够帮助儿童理解，自己必须放慢速度，并且在做之前先思考要做些什么，不然他们可能会遗漏部分任务。

突出视觉细节

另外一个能够帮助在学业任务中出现冲动的学生的策略是，将他们的注意力引导到视觉细节或关键信息上。荧光标记就是其中一种方式，但是必须对此进行具体教学（不然学生可能会随机标记，或者标记了太多内容）。比如，你可以让孩子在讨论每个步骤时把完成写作任务的步骤用不同颜色标出来。在写数学作业时，可以让孩子浏览每个运算，用不同的颜色进行标记（比如，加号用粉色，减号用黄色）。颜色的使用需要保持一致，可以让孩子参与为运算符号选择颜色的过程。

要点

反应抑制困难的儿童尤其容易在多项选择题上犯错。因为题目中通常包含了故意设置的干扰选项，看起来正确但实际并不是。你可以教孩子一些策略，比如：即使他认为自己已经找到了对的选项，也要阅读完所有选项；使用排除法的考试技能，提高多项选择题的正确率。

检查你的任务

很多时候，存在冲动和反应抑制困难的儿童并不会检查自己的作业。他们只会很高兴终于做完了，想要立刻开始下一项内容。让孩子习惯检查自己所做的内容是值得的。他们需要检查是否做对了任务，是否全部做完了，以及答案是否合理。教授孩子校对技能，这对检查任务来说也是一个有用的工具。注意，家长不应该成为孩子的“检查员”并替他做这件事，而应该通过流程的引导，让孩子自己投入检查过程。

第七章

专注

学习的前提是能够专注。研究显示，专注的能力与早期学习技能、智力、语言和学业表现均存在相关性。在执行功能上有困难的儿童和青少年可能会在专注的多个方面出现问题，包括持续专注和分散专注。持续专注指的是，专注在一项任务上足够长的时间，以便任务能完成；而分散专注指的是，同时管理多项任务的能力。

专注是什么

儿童和青少年的专注问题主要包括，难以将注意力集中在指令或所需的信息上，在对话中遗漏重要细节，很难长时间专注在一项任务上，以及在做任务时很容易分心。他们接收信息的方式很像进行了一次断断续续的通话——只收到了部分内容，没有得到全部细节。你可能还会发现，极小的事情都会干扰孩子完成作业或家务。在一个科技掌控青少年社交生活（比如，短信、即时信息、视频聊天、在社交平台发布消息）的世界中，你可能很难每晚都帮助孩子在一段合理的时间内完成家庭作业，因为他一直在分心。教孩子维持专注并管理分散注意的策略，有助于提高他们的整体功能。

事实

《人类行为中的计算机》（*Computer in Human Behavior*）期刊最近发表的一项研究显示，青少年或青年人将注意力从一项学业任务中转到科技产品分心物上（比如，检查社交媒体或短信）的平均时长少于6分钟。频繁访问Facebook的学生与那些刻意避免使用它的学生相比，平均成绩绩点更低。

持续专注

持续专注也可以理解为“注意力持久度”，或者完成一项任务所需的时间长度。当然，注意力持久度在每个年龄阶段都不一样。幼龄儿童的注意力持久度为数分钟到 20 分钟不等，而青少年在没有休息的情况下可以集中注意力长达 45 分钟。在执行功能上存在困难的儿童和青少年，其注意力持久度可能更短，因此需要更频繁的注意力“重置”。

自我监督

促进儿童和青少年持续专注的首要策略是，帮助他们认识到自己什么时候是专注的，什么时候不是。对大人来说，儿童什么时候是不专注的可能显而易见，但儿童通常不知道专注是什么样的，以及专注带来的感受是什么样的。你可以与孩子讨论专注看起来是什么样的，给他们提供可以参考的形象。比如，在家庭作业时间，专注可能意味着儿童坐在椅子上，电子产品都关掉，作业放在面前，儿童的眼睛看着作业，并且身体静止不动。

下一步是教孩子进行自我监督，提供机会让他们注意到，自己专注和不专注的状态分别是什么样子的。你可以通过多种方式让孩子练习。你可以随机设定计时器响起的间隔时长，时间到了，孩子就要在表格上标记自己刚刚是否专注。这个过程并不涉及任何奖励或惩罚，只是培养儿童对专注的意识。还有一些类似的方法用到了更先进的技术，包括能够提醒儿童随机时间间隔的振动呼叫器和手机应用软件。这些工具能够帮助儿童在发现思绪飘走的时候“重置”专注。

年纪较大的青少年很可能不喜欢家长在身边徘徊并监督他们是否专注！然而，教他们如何自我监督专注力仍然非常重要。第一步，征询青少年对于教授他们在作业时间和学习时间自我监督专注力的想法是否接受。家长可以向他们表明，学习这项技能可以提高成绩，减少完成家庭作业所需的时间，以便留出更多自由时间，或者因为之后不再需要家长在旁监督，他们便可以变得不那么焦虑。家长可以以“指导员”的身份提供帮助，而不是作为监督者。有时候，青少年可能需要一个能够定期报备的、值得信赖的同伴，来让自己专注在任务中。

选择的力量

大人和小孩都知道，专注于自己喜欢的或者有成就感的任务，比专注于一项不喜欢的或者太有挑战的任务要简单得多。这就是为什么一些儿童会玩好几个小时的视频游戏，或者一整天都在精心制作乐高王国，却无法在写作业的时候安静坐着并集中注意力。此外，儿童和青少年也倾向于那些能够轻松或顺畅完成的任务。很好地做完某件事情要比挣扎着专注在某些有难度的事情上更有强化作用。你可以共情孩子的挣扎，并提供支持。他可以选择与你合作，找年长的哥哥姐姐或其他同伴帮忙，搜索在线支持，找到在做相同任务的朋友，或者请老师帮助。当孩子需要完成困难的任务时，通过提供多种求助选项，家长可以赋予他们将来使用相同的问题解决和应对技巧的能力。

警示

> 对一些儿童来说，提供太多的选项反而让他们不知所措。他们可能看着这些选项而无从下手！一开始，你可以只提供两个选项，之后视情况再增加选项。

虽然儿童和青少年可能无法总是选择有趣的活动而不写作业，但是在任务中提供一些选择比毫无选择的效果要好。选择能够促进动机，而动机会导致更佳的注意力。如果孩子能选择先完成哪项任务，你可能就会发现，他们的专注力得到了提升，因为他们拥有了选择权。你可以通过帮助孩子制订一份作业或研究计划，按照他们的偏好对任务进行排序，让他们进行选择。然后，在结束作业或者学习环节后，回顾孩子的选择，并给予反馈。从有意思的任务开始比较容易，还是先把困难的任务做完更轻松？随着儿童变得越来越独立，他们可能会开始问自己这些问题。

分配专注力

成人经常将分配专注力的能力，或者分配注意力同时做多件事情的能力称为“多任务处理”。多任务处理需要执行功能技能，而大多时候，儿童和青少年没有足够的技能成为成功的多任务处理者。与之相对，他们很容易因为分心而忘记手头的任务，导致完成任务的质量很差，要花很长时间才能回到任务中，或者完全忘记要完成的任务。研究显示，在学习中使用科技产品非常不利于学习新信息以及将所学信息应用于新环境。从结果上看，这样的学习是比较肤浅的或质量不稳定的。更严重的是，学生极其低估了媒体多任务处理（比如，短信、即时信息、查看社交媒体）的影响。这意味着他们甚至没有意识到有多少学习能量被短信或朋友圈消耗了。

事实

> 虽然很多人可能表示，孩子们很擅长多任务处理，因为他们一直都在练习，但是研究仍然显示，只有极少的人（约为 2%）才能做到高效的多任务处理。尤其是，媒介的多任务处理对学习和成绩存在负面影响。

没有执行功能困难的儿童，其大脑在分配专注力上也会出现困难，因此多任务处理对那些有执行功能困难的学生的影响很可能严重得多。研究显示，大脑无法一次性地完成两项复杂的认知任务。如果任务是简单的或者“无意识的”（比如在洗碗的时候听歌），就不一样了，因为人类的大脑不需要为了决定专注于哪项任务而竞争。然而，当儿童正在做的两项任务涉及大脑的同一部位，那么对注意力的竞争会让两项任务都变得更难，需要花更长时间完成，更难记住和学习。比如，学生在决定如何回一条消息的同时写一篇文章，这两件事情用到的大脑区域是一样的，都需要通过前额叶和言语中心来计划并组织要输出的内容。此外，在这个例子中，这个学生需要从非正式的短信书写转换到正式的文章书写上，这会耗费很多认知资源，进而造成精神疲乏和更多的失误。

要点

哈佛大学伯克曼互联网和社会研究中心（Harvard University's Berkman Center for Internet and Society）最新的研究表明，在课堂上以及在写作业时发短信或使用社交平台的大学生，其平均绩点比那些没有出现这类行为的大学生低。

很容易被分心的儿童必须学习一次只专注于一项任务的技能。家长可以如何提供帮助呢？首先，与儿童分享并讨论关于多任务处理对学习存在干扰的研究结果。与你的孩子讨论没有受到多媒体干扰的儿童和青少年是如何学习得更好，成绩更高的。其次，为学习时间设定规则。因为这些干扰无法轻易被屏蔽，所以在一段时间的持续专注后，可以允许他们有使用多媒体的休息时间。研究显示，经过练习后，儿童专注于学业任务的时长能够增加。刚开始采用 15 分钟的间隔，也就是每 15 分钟的无媒体学习后，孩子都能获得短暂的休息时间（5 分钟）。在这期间，他可以查看邮箱、短信或者社交平台。逐渐延长时间间隔，这样你的孩子就有机会在注意力上得到改善。

警示

家长示范集中注意力也是非常重要的。不要在需要专注的活动中查看手机，回消息或邮件，或者看社交平台，而是故意把电子产品放在一边，向孩子展示你也能够从这种方式中受益，把任务完成！

看不看电视？毫无疑问！

除了社交媒体以及通过科技产品与朋友取得联系之外，网络电视和视频也是一种干扰源。数字录像机、即刻下载和流媒体软件的出现，使大部分电视节目都不需要在固定时间里收看。接触的便利性进一步提高了观看最爱的节目对儿童和青少年的诱惑。

与社交媒体会消耗注意力资源一样，电视节目和视频也是如此。研究显示，即使将电视节目作为背景声音，甚至没有主动观看或注意，也是不利于专注和学习的。电视中的声音和图像会拉走你的注意力，即使你觉得不会。因此，当孩子与你在同一间房内写作业时，你要把电视机关掉。如果他们在自己的房间里学习，那么你要移走或关掉他们房内的电视机。不过，要让孩子知道，当他们需要休息时或者完成作业之后，他们可以看节目或视频。

疑问

我的孩子坚持认为开着电视可以帮助他专注，因为这让他写作业的过程变得不那么无聊。我们对此一直在争吵。我该怎么办呢？

告诉孩子，在学习过程中开着电视会对学习产生什么影响。向他们解释，对大脑的研究表明，虽然人们认为自己能够学习并专注，但大脑活动显示实际上并非如此。

音乐和专注

音乐是否也对大脑的多任务处理能力有同样的影响呢？许多学生报告，自己在听音乐的时候学习得更好，因为音乐让学习变得没有那么无聊。还有一些学生喜欢像图书馆一样安静的学习环境。对音乐与专注的研究结果并不一致，但是明确的一点是，在学习和写作业期间听音乐所受的影响，取决于正在学习的内容以及所听音乐的类型。总的来说，研究显示，如果你在学习复杂的或者需要记忆的内容，那么音乐对学习存在负面影响。还有，非纯音乐比纯音乐影响更大，因为这有点像工作的时候有人在对你说话——它用到了大脑的言语加工区域，而这个区域也是学习时需要用到的。不过，也有一些证据表明，音乐能够改善个体的心情。因此，在做那些不需要高度专注的机械的或单调的任务时，音乐能够让无聊的任务变得没那么难以忍受。不过，关键是任务必须非常简单。最后，在学习之前听音乐能够改善心情和提高注意力，所以如果你想让青少年关掉音乐，这可能会是一个折中做法。

正念

研究显示，正念或者有意识地缩小或扩大注意范围的过程，能够改善注意力并减少焦虑。一些人把正念比喻为“大脑的瑜伽”。有注意力困难的儿童每时每刻都有无数个想法在脑海中飞来飞去，使得只专注一件事情（比如，写作业、阅读书中的一个章节或者考前复习）变得尤为困难。你可以通过重复类似于“慢一点”的咒语，让孩子专注在呼吸上，或者在脑海中制造一个令人愉悦的视觉形象来帮助孩子平复思绪。

事实

正念练习对存在专注力和注意力问题的儿童有帮助。此外，研究还显示，正念可以减轻慢性疼痛、焦虑症和抑郁症。

很多网站上都有为儿童设计的正念游戏。教育正念协会（Association of Mindfulness in Education）的官网上有一个资源区，家长可以尝试与儿童使用里面的活动。家长需要测试儿童对不同类型的活动的接受程度，因为他们有可能会受某种类型的正念活动吸引。找到儿童喜欢的活动很重要。对于年龄较小的儿童，可以从一起练习几分钟的深呼吸开始。小学和初中的学生可以从 5 分钟的间隔开始，逐渐延长到 20 分钟。正念练习可以在学习之前或休息期间进行。

第八章

时间管理：加强孩子的生物钟

一些儿童似乎存在“时间盲区”——他们大多时候察觉不到时间的流逝，习惯只用“现在”和“不是现在”的概念进行思考。如果儿童难以察觉时间的流逝，各种问题就会随之而来。你可能经常看到早晨无法按时出门上学的儿童，或者突然需要搭车去参加额外的彩排但忘记告诉你 15 分钟之前就应该到了的青少年。有时间管理问题的儿童和青少年还会在规划上面临挑战，因此经常十分匆忙或焦虑，甚至放弃完成任务。好消息是，你可以帮助孩子培养“洞察未来”的能力，这能够帮助他们感受时间的流逝以及预测未来，并为此设立目标。

时间管理技能的发展

要发展良好的时间管理能力，其中一个主要技能是有能力“看见”未来的自己。幼龄儿童的时间阈限是有限的，因此时间管理技能与发展紧密关联。也就是说，儿童能够预测未来多远的事件的能力随年龄变化而有所变化。一般来说，学步期和学前期的儿童能够思考“现在”及 20 分钟以内的未来事件。小学生的时间投射范围在几小时到大约 12 小时不等。而青少年一般可以提前思考长达两三天。当你尝试教孩子对未来进行思考，并视觉化当前事件的可能后果时，这是非常重要的参考。想要让 8 岁的孩子对两个星期之后的事件进行计划，很显然并不合理。

事实

“时间感缺失”也有好的一面，有研究证实了“愉快的时间总是短暂的”这句话。当人有内部动力且对一项任务感兴趣时，可能就不会意识到时间流逝。儿童和青少年可能会将之描述为“入神”。只要“入神”没有影响到其他需要完成的任务，就是一种积极体验。

按时出门

有时间管理困难的儿童和青少年（以及成人！）常常很难“守时”。糟糕的计划技能以及难以预估时间，让带着需要的所有东西离开家变得非常困难。你可能发现，自己在早上需要跑来跑去帮孩子准备上学，他却在房间里坐着玩火车！或者，你可能还遇到过，还有 5 分钟就必须离开了，你的青少年孩子却刚进去洗澡了。不管你让孩子起得多早，最终还是会迟到。你该怎么样帮助孩子，学习在没有提示的情况下自己拿好东西准备出门呢?

视觉化

在执行功能上有困难的儿童一般不会在脑海中思考行为的最终后果。因此，当你说“准备上学”时，他们可能无法想象“准备好”看起来是什么样子的。如果不了解最终应该是什么样子的，他们就无法思考实现该目标所需的所有步骤。这有点类似于坐进车里要去某个地方，却不思考要去哪里。不知道目的地就计划旅程显然是困难的。即使儿童之前有很多次都能做到“准备好”，他们也很有可能没有真正意识到“准备好”应该是什么样子的。帮助他们知道“准备好”是什么样子的其中一个策略是询问。你可能会对他们的回答感到惊讶，因为你觉得，他们早晨的部分准备流程应该自动包括：梳头发，带上午餐盒，以及在书包里装好家庭作业和上体育课要用到的装备。另外一个策略是，在他们完全准备好的时候给他们拍照，你可以把照片贴在门口，让孩子在“准备”的时候指着照片展示准备好的最终样子。或者，你可以把照片放在手机里展示给孩子看。对你而言，“准备好”的样子可能是显而易见的，但是对于有执行功能困难的儿童来说，这可能是需要教的。如果知道最终应该是什么样子的，他们可能就不用每天都需要逐步的提示才能做好准备了。

以分类的方式思考，而不是背长清单

在执行功能上存在困难的儿童通常会在不同的领域遇到挑战。比如，你的孩子可能在时间管理和记忆力上都有困难。这意味着，他在出门前仿佛一直都在跑来跑去找齐自己的东西，最后不可避免地总是忘记带某些东西。成人通常会建议使用一份清单，这对一些儿童是有用的。但问题是，如果你的孩子同时还有记忆力上的困难，那么长清单上的信息太多，可能很难被记住。

不过，你可以把孩子需要做的事情或者要带的东西进行分类。几个分类要比 10 ~ 15 个物品更容易记住。想一下，如果你要去超市，而超市没有按照共同特征进行分类整理——奶制品、肉类、清洗用具、汤类、谷类，那么你可能花很长时间都无法找到想要的东西。以下列举了关于准备过程的可能类别，以及与该类别相关的物品。

- **个人卫生：**穿衣、洗脸、梳头、刷牙、穿鞋
- **食物：**午餐盒、饮料或水壶、零食
- **学校相关：**书包、作业文件夹、课本、铅笔盒、同意书、特殊项目
- **个人物品：**钥匙、手机、钱包、身份证、钱
- **校外活动：**制服、器材、特定的鞋子

使用分类能够帮助家长给儿童提供线索，而无须按照一份很长的清单依次检查每个物品。不是问“你拿钥匙了吗？你的钱包呢？有没有钱吃午饭？你的身份证带了没？”，只需问“你拿了哪些个人物品？”。然后，在孩子有遗漏的时候给出提醒即可。这还能帮助孩子在脑海里把所需的物品进行分类。你还可以和孩子讨论，哪些东西能在前一天晚上收拾好，哪些需要在出门前一刻才能收拾。这样，孩子就能提前做一些准备工作，比如把学校相关物品收拾好，或者把校外活动要用的东西放在门口。

用餐规则

有时间管理问题的儿童可能会因为“懒”而“臭名昭著”。当你试图让孩子在出门前好好吃一顿早餐时，他总会出现各种各样的问题。他可能会因为说话、玩玩具、发短信或看手机、争分夺秒地写作业，或者难以决定吃什

么，而没办法好好吃早餐，最终导致迟到。如果有吃早饭的流程，那么你可以规定在餐桌上不能有任何玩具或电子产品。这能提高吃饭速度，你也不再需要一直提醒孩子快点吃。

要点

如果你的孩子长期不吃早饭，或者当你强制孩子吃早饭的时候他会生病，那么你需要咨询医生。你可能还需与学校商量，做一些特殊的安排，让孩子在上午十点左右有时间吃点零食以防挨饿。

祖母经常说"早餐是一天中最重要的一餐"，这句话是对的。儿童和青少年的身体成长和大脑发育都极度依赖于食物的定期摄取。如果儿童不吃早餐，那么他们的身体、认知和行为都有可能出现问题。想一下，你没有吃饭的时候会变得多么无法专注及暴躁！如果你的孩子说他不饿，那么记得在送他去学校之前给他带一些吃的。虽然营养均衡的餐食最佳，但是在开车去学校的路上让孩子吃一块燕麦棒总好过什么都不吃。一直处于半饥饿状态，直到午餐时间，并没有任何好处！

高效完成家庭作业

写作业的时间对有时间管理困难的儿童来说尤为难熬。他们可能出现的问题包括：拖延，低估完成任务或项目所需的时间，逃避行为，受到干扰，以及花太长时间做作业。

消除干扰

消除干扰是建立一个更高效的家庭作业流程的第一步。这意味着要给孩子提供一个安静且干净的作业空间。关掉背景音乐和电视机，确保学习区没有任何电子设备。如果你有多个孩子，那么你需要确定他们能不能一起写作业，或者是否需要在不同的区域写作业。如果是青少年，你可能需要跟他们协商决定把学习区安排在哪里。一些青少年喜欢在床上写作业，或者把作业铺在地板上。只要他们不会因此而睡着或者干其他事情，就可以允许这么做。

警示

> 对于青少年，如果要对他们的家庭作业流程做出改变，就不能只是单方面地加入新规则，而是应该考虑周详并与他们进行讨论。青少年希望自己能够参与决策过程，而且你会发现，双方共同设定的新系统会比你单方面设定的系统更容易执行。

视觉化最终结果

有时间管理问题的儿童通常不会在脑海里预想家庭作业写完后的情境。与之相反，他们会专注于当前的负面情绪，比如，担心，觉得任务难以承受而不知道从哪里开始，无聊，或者不得不放弃更有趣的活动而去写作业的沮丧。问孩子，“你觉得做完作业的时候会是什么感受呢？”，可帮助他们想象任务做完后会发生什么，会有哪些积极情绪。比如，你可以说：“想象你现在已经做完作业了。你正在干什么呢？有什么感受呢？”这些提问可以帮助他们思考完成任务的积极结果（比如，“我能看最喜欢的节目”），或者感受（比如，“我会感到放松，并为自己感到自豪”）。

做出预测

儿童难以高效利用家庭作业时间的其中一部分原因是，他们通常无法很好地理解完成任务需要多长时间。有时候，他们会低估任务而把作业拖到最后一分钟，最后只能急忙恶补或熬夜完成。有时候，他们会高估任务所需花费的时间，最后因为任务看起来太冗长无聊而开始逃避任务。你可以教孩子写下任务所需花费的时长并记录实际用时，培养他们对时间的感知。这个过程只是为了信息收集，可以持续大约一周。然后，你可以跟孩子一起回顾讨论其中的模式（比如，在数学上花的时间比预想的久，完成写作任务的速度比预期要快）。有了这些信息，就能更好地计划完成家庭作业的时间并调整，比如提前一天开始做更花时间的任务，或者快速做完几个简单的任务提高写作业的势气。你的孩子倾向于先做冗长单调的任务，然后轻松地做其他简单任务，还是更喜欢先做简单的任务以获得成就感，这些都需要去摸索。

指针时钟

指针时钟的某些要素使得它比电子时钟更能够帮助孩子感受时间的流逝，这可能是因为指针扫过钟面的视觉体现。帮助儿童感受“时间流逝”的策略之一就是，在他的作业区放置一个指针时钟。为了帮助他们理解完成某项任务需要多长时间，你可以用便利贴或磁条在时钟上做标记，告诉他们需要学习到短的时针到达标记点为止。时间到了后，你可以检查进度并重新设定时间。此外，你还可以将大任务分成几个可以掌握的小部分（比如，当时针指向半小时后的标记点时，你应该完成了论文提纲），并安排休息时间（比如，当时针指向 45 分钟后的标记点时，我们会和狗一起出去散个步，回来再继续学习）。通过指针时钟向儿童展示时间的流逝，可以帮助他们更好地理解时间以及自己的时间利用是否高效。

警示

不要将这种策略用作惩罚。如果孩子在指定时间内没有完成任务，那么你们可以讨论是否遇到了什么困难，一起想办法解决问题并重新设定时间。这能够帮助孩子进行自我监督并根据情况调整自己付出的努力。

使用计时器

使用厨房用计时器或者手机上的计时器，也是帮助孩子顺利完成家庭作业的常用策略之一。虽然它们不像指针时钟那样能够很好地显示时间的流逝，但是对那些喜欢提示音的孩子们来说很管用。你可以让儿童估计需要多久完成一项任务，然后设好计时器。当时间到了，你就可以过去检查进度。再次强调，计时器的用途是向儿童反馈他们多么高效地利用了时间，而不是批评他们多么低效。使用计时器还可以让你和儿童有机会讨论哪些方法对完成任务是有效的，哪些不是。你还需要检查儿童完成任务的准确度，确保他们不是草草完成的。通过使用这项策略，还可以教儿童如何平衡速度和准确度。

警示

虽然一些儿童喜欢计时器带来的“压力”，但还有一些儿童对时间很焦虑。他们可能会因为被时间占据了思绪而无法专注于任务。家长是最了解自己孩子的人，如果尝试了计时器后，你发现他们变得懊恼或焦虑，那么这种策略可能并不适合他们。

规划时间

对于挣扎于时间管理的儿童，具体且细致地教他们如何使用计划表和日历非常关键。有很多种不同类型的技术和系统可以使用。一些儿童比较喜欢实体的计划表和日历，而一些年龄较大的儿童更喜欢电子日历或手机应用软件。关键是，找到孩子能够理解并长期使用的类型。

警示

许多家长报告，孩子在使用计划表一段时间后，新鲜劲儿就没了，于是他们会把它抛到一边，不再使用。关键在于培养检查计划表的固定流程，确保儿童在使用。你可能需要和孩子的老师联合起来，确保他记下了所有作业。

计划表

帮助儿童管理时间的第一步是，教他们如何使用个人计划表来记录家庭作业、截止日期、考试及其他约定。计划表是一本册子还是一个在线系统，取决于儿童的年龄以及他们对科技产品的兴趣。不管是哪种形式，重点是确保计划表有周计划页，让儿童能够预见即将到来的考试和重要的截止日期，还有那些可能会扰乱作业时间的安排及晚间约定。

不要认定儿童天生知道如何使用计划表。与孩子的老师合作开发一个系统，确保所有的任务都写下或输入进去了，然后每晚检查孩子是否使用了计划表。如果某门课没有布置当天晚上的家庭作业，就让孩子在对应的格子内写“没有作业”，这样你就能知道不是孩子忘记把作业写在计划表里了，而是真的没有作业。还有，教孩子把复习备试的任务细分为考试前至少两个晚上的任务，并在日程表上写“考试复习”作为家庭作业。最后，如果孩子能够用颜色区分每门课，他们可能会更喜欢使用计划表。这些颜色可以与文件夹和书的封面保持一致，帮助他们了解哪些书和文件夹是需要带回家的。

警示

许多学校都有家庭作业网站，学生每晚都可以登录查看。这意味着孩子可能不想用计划表，因为把任务写下来显得很多余。如果是这种情况，你可以帮助孩子确定，哪些老师会一直更新任务，哪些不会。由于长期任务并不会每晚在家庭作业网站上更新，你还可以帮助孩子养成将长期任务各阶段的截止日期记在计划表或日历上的习惯。

家庭日历表

教学时间管理和规划的一个好方法是，使用家庭日历表，并将它贴在每个家庭成员都能看到的地方。尤其对于养育多个儿童和有丰富活动的忙碌家庭来说，视觉辅助是十分必要的。用家庭成员各自的代表色将大家的活动标记起来，这样孩子一看就知道哪些是他需要完成的。在做时间规划的时候，确保内容很具体并大声说出这些内容，这样孩子就能听到并内化你规划家庭时间时的思考过程。儿童也可能喜欢用贴纸、便利贴或磁条代表某些活动的做法。日历表上有可移动部分的好处是，儿童可以在视觉上看到计划发生了改变（对比于写字和擦掉的做法），但责任一般不会消失，只是移到了其他时间。这种做法能够帮助儿童理解优先顺序。

第九章

工作记忆

工作记忆指的是将信息存留在个体脑海中足够久的时间，以进行加工、记忆或执行的能力。它有时也被称为“短期记忆”。当他人下达指令时，你就需要用到这种记忆。他们可能会说“在停车牌处左转，向前开五个街区，在埃尔姆街右转，然后左手边第四个房子就是了”，那么你必须把所有信息留在脑海里足够久才能记住，你可能会在大脑里不断重复这些信息，也可能把信息写下来，或者你会视觉化要去的街区。在此期间，你需要尽可能忽略其他可能浮现的想法，或者那些会影响专注力的外部噪声。

工作记忆的重要性

如果你知道工作记忆的影响力，那么该项技能对学习的重要性也就无须多说了。在学校，老师会给出指令，而学生必须遵从。高年级学生被期望能够在老师讲课时记住信息足够久，以便记笔记。

工作记忆对完成学业任务也是有帮助的。在阅读时，个体必须记住正在阅读的内容，同时思考这与刚刚读到的内容有何联系。存在工作记忆困难的儿童和青少年可能会刚读完这句就忘记了上一句。在数学学习中，个体需要记住多个步骤才能解题。如果儿童存在工作记忆困难，那么他们可能会在解题途中迷失了方向，或者忘记了刚刚得出的心算答案而写了错误的数字。在写作时，学生必须能够记住自己刚刚写了什么内容，计划接下来要写什么，以及这些想法是如何相互联系的。

要点

你知道吗？能说双语的学生通常比只会说一种语言的学生有更好的执行功能和工作记忆。即使双方都被诊断为学习障碍，能说双语的学生也比只能说一种语言的学生表现得更好。这很可能是因为他们一直需要不断地转换语言，灵活地思考自己该选择什么用词。

研究显示，工作记忆对于个体整体的智商而言是一个重要的执行功能。有着较强工作记忆的学生一般都学习得更多，更容易在学校集中注意力。对比有工作记忆问题的同伴，他们出现注意力不集中或过度活跃的次数更少。这是很容易理解的。如果你很难把信息留在大脑里，那么你可能很容易走神或感到疲惫。因为要记住刚刚对你说的或展示的内容，花费的精力实在太多了。你可能会因为遗漏了指令而更频繁地环顾四周或者离开座椅看其他儿童都在干什么。

大脑的随机存取存储器

心理学家有很多个不同的类比可以帮助解释工作记忆的过程，其中一个就是把工作记忆类比为计算机的随机存取存储器（random access memory, RAM）。随机存取存储器是用来短暂存储随机信息的。一般来说，随机存取存储器越大，计算机的运行速度就越快。与之类似，工作记忆短暂存储了信息，工作记忆越好，加工信息并将其存储于“硬盘”或长期记忆的过程就越快、越高效。工作记忆存在几个不同的类型。

听觉工作记忆

当心理学家在描述工作记忆时，最常被联想到的就是听觉工作记忆的过程。这个过程指的是，让听到的信息停留在脑海中。心理学家测量工作记忆的一种方法是，让儿童完成数字广度记忆测试。他们说一串数字，要求儿童进行复述（比如，3-5-9-2，数字会越来越多）。然后，他们可能还会要求儿童完成一些更复杂的工作记忆任务，比如按照不同的顺序记住信息（如让儿童倒着复述 3-5-9-2，或者按照从小到大的顺序复述）。完成这项任务需要的技能包括注意力和专注力，还有工作记忆。儿童必须专注于信息，排除其他干扰（脑海中的或房间里的），以及加工需要复述的信息。

事实

有很多项目通过针对性练习来提高个体的听觉或言语工作记忆。研究显示，幼龄儿童（10 岁以下）在听觉工作记忆训练中的收获明显比年龄稍大一些的儿童（11—18 岁）更多。

听觉工作记忆技能在课堂上是十分必要的，因为老师经常给出复杂的指令（比如，“拿出数学书，翻到第 217 页，但首先把你的名字写在纸上，然后我们要开始讲其他比较怪的问题了”）。或者，在家里，家长可能会给出多步骤指令，比如“上楼去拿你的袜子、鞋子和洗衣篮，把洗衣篮放在洗衣房，穿好袜子和鞋子，这样我们就能去公园啦”。你可能会发现，孩子光着脚拿着洗衣篮，不记得接下来要做什么。

视觉空间工作记忆

与听觉工作记忆类似，视觉空间工作记忆指的是在脑海中短暂留存信息，只不过这里的信息是视觉性的。因此，如果以问路的情形为例，这就像有人给你展示了一张去哪里的地图，然后把地图收走了，你需要把图像留存在自己的大脑中。有的时候，心理学家也会将在大脑里留存图像类比为“视觉空间画板”，就像一块神奇的画板一样，除非你努力地记忆（比如将图像用文字进行描述，或者努力长期记住），否则上面的图像就会消失。

糟糕的视觉工作记忆对学业也会造成影响。视觉空间工作记忆差的学生可能很容易忘记字母和数字的形状，记不清正确拼写的单词看起来是什么样子的，或者难以记住模式、图像或图表。此外，在空间探索中也会涉及视觉空间工作记忆。存在视觉空间工作记忆困难的学生在探索教室、学校或邻里环境时会遭遇挑战，因为他们缺乏策略在视觉空间画板中调出自己所在位置的图像。

记住并遵循指令

工作记忆在实际应用方面的其中一个体现是，记住并遵循指令的能力。总的来说，儿童年龄越小或者工作记忆受损程度越高，记住长指令的难度就越大。不过，家长还是有很多策略可以使用，以帮助儿童完成记住并遵循指令的工作记忆任务。

重复

没有人喜欢一遍又一遍地重复。儿童也不喜欢反复听到同样的内容，他们觉得自己不停地在被唠叨！有一个策略可以避免总是重复下指令并最终问出那个惹人厌的问题“你听到我说什么了吗？”，即让儿童复述你刚刚给出的指令。这样，你就能了解儿童到底听到了多少内容。你可能会很惊讶地发现，即使是很简单的指令，也会被错误解读，步骤也被忘记了。以一种积极或自然的语调要求重复是非常重要的（比如，“你能告诉我，刚刚我说了什么吗？这样我可以确保你得到了所有信息”），否则这可能会演变成责怪（比如，“我刚刚怎么说的？！”）。

警示

向儿童示范什么是好的倾听行为。当孩子对你讲述什么事情时，你应该停下手头的事情并给出好的眼神注视，然后复述你听到的内容。这样做能够向儿童展示什么是好的倾听。

控制指令的长度

对于有工作记忆困难的儿童和青少年来说，多步指令是很难遵循的。你可能需要调整指令中的步骤数，从单步指令开始。当儿童能够顺利完成单步指令后，你可以将指令数增加到两步和三步。总的来说，儿童年龄越小，或者工作记忆问题越严重，指令的长度应该越短。

事实

工作记忆训练也可以非常有趣！与其让儿童一遍一遍地进行记忆训练，不如让训练成为一种游戏。比如，你可以让儿童帮你记住（不能写下来）去超市要买的三样东西，或者看儿童是不是能帮你记住去超市的路，成为你的“活导航”。

调适

除了通过重复和遵循指令的练习来培养工作记忆，你可能还需要进行调适。教儿童把指令中的步骤写下来。如果儿童不知道怎么写，你可以帮忙写下来，让他们把每一步指令读给你听。或者，你可以让儿童写一个关键字或者用图画来帮助记住每个步骤。你们可以试验儿童应该在哪里把指令写下来。如果是家务活，或者是需要儿童移动的任务，那么他们可以把步骤写在便利贴或者小纸条上。如果儿童正在写作业，那么他们可以把指令写在计划表、计算机的记事本、备忘录或者日历上。

记住待做事项和任务

就像成人需要提醒及其他策略来帮助记忆重要的事件和待办事项那样，儿童和青少年也需要。并且，如果他们在执行功能和工作记忆上存在困难，就更需要这些外部支持了！这些孩子总是高估自己能记住的内容，还声称不需要用笔写下来，最后却忘记任务。或者，他们可能会写下一部分任务或任务的名称（“历史项目中的女性”），却没有记细节，导致回家后不知道应该做任务的哪个部分。

要点

在与儿童讨论为工作记忆困难提供方法时，把这个过程变得普遍化可能是有好处的。你可以说一些类似于“每个人都需要时不时的帮助才能记住一些事情，我也要把事情写下来才能记住”的话，这让儿童在学习新策略时显得自然些。

你需要教儿童一个关键信息，不能只依靠记忆，而是要把东西写下来。你需要和孩子一起探索最适合的系统到底是计划表、电子日历、有提示的手机应用、家庭日历表，还是一本台历。重点是，让儿童参与到系统的选择过程中，并且每天检查他们是否在使用。你可能还需要和孩子的老师和指导员说明使用系统的情况，这样他们也能提供支持。

可以改善工作记忆吗

工作记忆到底是一种恒定的存在，还是能够随着练习或其他干预得以改善呢？这个问题在心理学领域一直存在争论。越来越多的研究表明，人类可以通过训练大脑来改善工作记忆。然而，还有一些研究表明，只能在训练的具体技能上变得更强。也就是说，可以训练个体复述一串越来越长的数字，但这并不会转换为更好的整体工作记忆。另一方面，有研究表示，工作记忆的训练能够改善其他认知技能，比如推理、阅读理解以及智力的其他方面。虽然能否改善工作记忆的问题仍然有待研究，但是已有证据证实，对工作记忆较弱的儿童教授一些补偿策略是有帮助的。

事实

新的证据表明，改善工作记忆是有希望的。研究显示，锻炼和正念都能提高部分执行功能，包括工作记忆。尤其是正念，它能够减少思维游走的情况，这对于努力记住事物而言是有帮助的！

提前启动

改善工作记忆的其中一项策略是，提前告知儿童即将收到的信息，这让儿童的大脑中预存了一个信息“文件夹”。比如，可以说：“我要告诉你三件需要记住的东西，我们离开的时候你要带上它们。你准备好记住这三样东西了吗？你的书包、同意书，还有你的午餐。”或者，给儿童读故事的时候，提前让他思考一个具体的问题或想法，这样在读的时候，他就能准备好接收信息了（比如，“你正在听故事里的线索，它告诉我们，主要人物正在计划着什么”）。

要点

你知道可以通过和幼龄儿童一起回忆事件来培养他们的记忆技能吗？研究显示，如果妈妈与学前班的孩子谈论在一天中发生了什么，并帮助他们记住细节，儿童的记忆力会更好。这种“共同的回忆”对儿童长大后的回忆能力有积极影响。

排练

你很可能一直都在使用这个策略，却浑然不知它是记忆的好助手。当有人给了你一些需要记住的信息时，你会在脑海里重复。一些儿童不会自然而然地这么做，你可以教他们。最开始，他们可以大声重复这些信息；最终，他们能够学会只在脑海中重复自己听到的话。你可以给儿童示范这个策略，通过大声说出信息来进行记忆，然后指出你这么做是因为这能帮助你记忆。

事实

> 工作记忆策略训练对于所有儿童都是有帮助的，尤其是有学习障碍的学生。如果老师经常教授策略（比如，记忆法），那么他们的学生比没有被特别教过策略的学生在学业任务上完成得更好。

组块

工作记忆是有限的，即使没有执行功能问题的人也是如此。研究显示，人类一般可以一次在脑海中记住七个离散的信息，比如电话号码的数字或者在超市要买的一系列东西。通过练习或者使用信息组块等策略，人们可以一次性在脑海中留存更多的信息。比如，不是用随机的顺序记住九种物品，而是记住三种奶制品、三种冷冻食品和三种早餐用具。“组块”原则是可以教给儿童的一种非常有用的策略。“三的力量”也是教授组块的一种方法。如果你能够一直将儿童需要学习的内容按照每三个一组进行组块，那么他们很有可能会开始以三为一组进行思考，更能意识到自己在什么时候有所遗漏。

警示

> 现在有很多商业性质的工作记忆训练项目，其中有很多是非常昂贵且没有切实研究支持的。在有进一步的研究证实这些项目的有效性之前，最好从不那么昂贵的游戏开始，比如一些经典的游戏，“西蒙说”“记忆力（Memory）”“专注（Concentration）”和“击打（Bop It）”。

记忆法和关联分析

记住信息的另外一个办法就是，创造一个记忆法来聪明地记住信息，比如用缩写、诗或歌曲来承载学习的内容。比如，教授解答数学的运算顺序可以用缩写“PEMDAS”[P 是括号（Parentheses），E 是指数（Exponents），M 是乘法（Multiplication），D 是除法（Division），A 是加法（Addition），S 是减法（Subtraction）]。或者，为了记住彩虹的颜色顺序，可以把每个颜色的第一个单词拿出来编成一个句子。研究显示，当内容有趣、有意义或有关联，或者是歌谣形式时，儿童（和成人）能够学习得更好。这也是为什么帮助儿童寻找适合自己的记忆术非常重要。儿童在创造记忆辅助上的参与度越大，他们记住内容的概率就越大。

视觉化

大脑接收来自五大感官——视觉、听觉、嗅觉、味觉和触觉——的信息。当信息输入的渠道不止一种感官时，大脑能够更好地回忆所学的内容。这种做法有时候被称为“多感官”学习。比如，当儿童或青少年正在学习考试材料时，让他们同时听到和看到信息，甚至参与呈现信息的活动或实验，是有益的。在家中学习时，你可以教儿童如何将学习形式进行组合以促进学习。比如，你可以通过让儿童观看视频来将视觉和听觉信息进行组合。网上有非常多的视频，你可以很简单地给出这个建议，让儿童搜索相关的视频。但是，他们也很有可能分心，没过一会儿就在看音乐视频或小猫的视频了！美国公共广播电视网旗下的学习媒体（PBS Learning Media）官网上有许多根据年级和科目进行分类的教育视频，如有需要可以进行查看。

回忆，而不是再认

很多时候，儿童和青少年认为他们正在学习，但实际上，他们只是看着学习材料。在熟悉学习材料和能够在考试中回忆起材料之间存在巨大差异。以学习词语或拼写单词为例。儿童或许能识别单词“perfunctory（敷衍了事）”，但是不能准确定义或者拼写出来。如果儿童正在学习需要独自回忆的内容（对比于深层分析），那么有一些策略可以提供帮助。比如，儿童正在学习词语，那么你可以鼓励他们制作词卡（正面是词语，反面是其定义），并进行测试。一些儿童，尤其是青少年，更喜欢用一款叫“小测验（Quizlet）”的在线程序。在这个程序中，他们可以制作自己的在线词卡，或者查看其他学生已经做好的同主题卡片，还可以在线给自己测试。不管词卡是手工制作的还是在线的，用它们练习都能够帮助个体真正记住而不只是认识学习材料。

如果期待儿童能够记住信息并将之应用于新途径，那么所需的记忆学习技巧就不只是卡片了。一些类型的测试需要更精细的记忆和学习，包括简答题、论文测试、数学测试以及多项选择题测试，它需要分析多个紧密关联但又存在些许差异的概念。这些类型的测试一般出现在高年级，但是其中涉及的元素也有可能突然出现在低年级的测试中。

还有一种对儿童学习有帮助的策略是，制作或使用一份学习指南来缩小专注学习的范围。有执行功能困难的儿童和青少年通常都不知道自己要学习什么，也不知道怎么学习，而学习指南就可以给他们提供帮助。如果老师无法提供，那么你可以通过看章节标题和副标题以及教科书中可能包含的关键概念，来帮助儿童整理那些重要主题。你可以询问并查看儿童的笔记本，一起浏览后探讨哪些可能是需要知道的重要概念。你还可以教儿童表述自己的困难，询问是否可以在考试前约见老师，查看儿童制作的学习指南中是否忽视了重要信息，同时学习一些备考技巧。

警示

记忆力是学习能力的一部分，因此教授记忆策略是一个好的起点。然而，你还需要确保儿童真正理解了材料，而不只是记住字词或流程。如果你觉得孩子的理解可能出现了偏差或者不够，那么你需要为该学科领域提供额外的教导。

精加工

帮助长时间记住信息的最后一项策略是精加工。精加工是一项能够帮助儿童将新信息与已经知道的信息进行联系的策略。这些联系能够帮助儿童记住信息。这也是为什么，总结或讨论阅读内容与个人经验的联系，可以作为改善阅读理解和记忆的常用方法。它能够帮助儿童对信息进行精加工。

个体也可以使用视觉化的方法来精加工信息，比如使用想象策略。你可以告诉儿童把正在学习或阅读的内容当作电影进行描绘。或者，如果儿童正在学习新的词，那么他们可以在脑海中想象这个词对应的画面。比如，在学习“椅子”的西班牙语“silla”时，儿童可以在脑海中描绘一个人坐在椅子上说“see ya（再见）”并挥手再见的场景。总的来说，儿童在发展个人的精加工时投入得越多，记住学习内容的概率就越高。你可能需要先提供一些例子和训练来帮助他们理解什么是精加工，然后指导他们创造自己的联想。

第十章

灵活性：随机应变

能够适应环境是一项必要的生活技能。生活并不会一直都是可预测的，儿童和青少年需要能够应对突发问题或者事件的策略。灵活思考是解决问题的关键，不管面对的是新的数学题、日程的变动，还是在操场上遇到的社交挑战。

灵活性需要什么

当环境发生改变时，会伴随一个无形的过程——思维也在改变。根据环境中的改变转换个体的精神状态和行为的过程称为“认知灵活性”，有时候也称为“定势转换”。心理学家通过给儿童和青少年提供不同的任务来测试认知灵活性，这些任务要求参与者用许多不同的方式来看待问题，不要被一种方法困住。比如，儿童可能会拿到很多画有图片的卡片，这些卡片可以按照许多共同特征进行分类（比如，颜色、尺寸、动物种类、形状），要求儿童用尽可能多的方式将卡片进行分类。在认知灵活性这项执行功能上存在困难的儿童，可能只能按照很少的几种方法，或者重复按照同样的方法进行分类。这个过程在现实生活中也会上演——他们会反复使用同一种无效的方法解题，或者认为只有一种解决问题的途径。

灵活性是一种适应技能，不管是在学业还是社交领域。灵活的儿童更有可能受到同伴和大人的喜爱。事情每时每刻都有可能发生变化，很多未预料的事件（好的和坏的）会改变一天的安排。如果儿童总是为这些常见的变化而苦恼，就会成为问题。当脑海中想象的事情往没有预料到的方向拐去时，他们通常会出现强烈的情绪反应，坚持自己当初的设想。有灵活性问题的儿童和青少年有时候会被描述为“生硬的”或“死板的”，也有可能被形容成“必须听我的，不然就算了”那类思考者。但是，与其认为他们是反抗和任性的，不如把他们看作在灵活性思考能力上发展迟缓的。并且，你需要知道这些技能是可以学习的。

警示

对于表现出反抗行为的儿童，若家长需要寻找教授灵活性的策略，那么他们可能会觉得心理学家罗斯·格林（Ross Greene）的研究很有帮助。他的研究主要专注在“合作问题解决”的方法上，并且在他的个人网站上提供了许多有用的技巧和资源。

认知灵活性的另一面是社交灵活性的概念。有一部分社交灵活性是指，我们对他人的想法、感受和行为进行思考的意图。对于没有社交灵活性问题的人来说，这很显而易见。但对于许多有执行功能困难的儿童，尤其是那些被诊断为自闭症谱系障碍的儿童来说，这个思考过程并不是自动化或自然而然出现的。存在社交灵活性问题的儿童可能只会考虑对自己有利的观点，当事情没有按照他们想要的方式进展，或者当其他人要求他们做非本人想法的事情时，就会出现问题。

要点

采纳他人的视角并理解其他人有着与自己不同的想法、感受和意图的能力称为“心理理论（theory of mind）”。在心理理论上存在困难的儿童，通常都存在灵活性问题，因为他们习惯于只考虑自己的观点。

比如，一个儿童正在画画，你说到上学的时间了，他想不到你希望他按时到校，老师正在等着他，或者如果你不按时把他送到学校去，你就会上班迟到。他只想着自己要画画，可能因为必须停止而生气。或者，在操场上，一个儿童想要玩足球，但是其他人都想玩篮球，他可能会因为满脑子都是要玩足球的念头而变得非常生气。当我们能思考其他人在想什么（比如，妈妈需要我现在就出门，或者我的朋友想要玩篮球）时，我们的灵活性就会更多。

事实

社交思考是米歇尔·加西亚·温纳（Michelle Garcia Winner）创造并发扬的一个术语。她的个人网站在如何培养社交思维和认知灵活性这一主题上，提供了多种课程、书籍、工作坊以及其他资源。

学习如何重新开始

在学业和社交领域，有认知灵活性问题的儿童和青少年经常在完成任务时因为一条路走到黑而遭遇不少挫折。在儿童写作业遇到问题无法进展时，你会发现，若你提供的帮助与老师教的解题思路不一样，你会遭到儿童的抗拒。他们甚至还会因为被要求用不同的方式做事情而产生强烈的情绪反应，即使这件事情的本质在于帮助他们脱离困境。在社交中，你会发现，你总是向孩子提供如何解决社交问题的建议，但是这些建议基本上都没有被他们采纳。比如，你可能会问孩子，“为什么不先玩朋友们想玩的游戏，下一次再玩你想玩的游戏呢？”然后，孩子就崩溃了。

摆脱困境的策略

有认知灵活性困难的儿童和青少年往往会在解决问题时陷入困境，不管是写作业还是在操场上玩。在学业任务中，家长总是不知道，当孩子写作业遇到困难却拒绝接受帮助时，应该怎么办。比如，孩子正在解答的数学应用题，其形式与在课堂上教的稍微有点不同，他可能会试图用课上教的步骤解题，却发现这些步骤并不适用于这道题。然而，他没有尝试新的方法，还在继续用之前的步骤。甚至，当你想要教他新的解题思路时，他还会很生气地说：“老师不是这么教的！”或者，在社交中，孩子可能会在和其他朋友玩的时候自行设定游戏规则，并且拒绝按照其他规则玩。当他在搭建某样东西的时候，若其他儿童加入进来“打乱了一切”，他也会很生气。

对此，你可以提供的一项支持策略是，给儿童提供“重启”的机会。你甚至可以根据儿童的年龄和理解能力使用相关比喻。有时候，计算机会出现超载的情况，那时计算机虽然在运转，但实际上并没有任何有用的输出。遇到这种情况，最好的办法就是重启。与之类似，如果儿童因为一直用同样无效的策略而“原地打转”，或者执着于自己的想法而停滞不前，那么重启可能会是一种好办法。鼓励儿童休息 5 ~ 10 分钟，做一些其他事情，稍后再回到任务或之前的情境中去。

与此同时，教儿童冷静的策略也十分重要，否则休息并不能起到作用。教学冷静策略的第一步是示范。当你在工作或做家务时出现难以承受、沮丧、恼怒或其他情绪反应时，停下来，对该情绪进行命名。你可以说：“哇，我在计算机上装应用软件，这太受挫了，我能感觉到自己变得很生气，很混乱。我要去休息 5 分钟，再回来弄。”通过这种方式，你向儿童展示了沮丧的情绪是很常见的，但是你可以休息一下，然后焕然一新地回来解决问题，你在教他们一种应对策略。

你还可以为儿童命名感受，尤其当他们没有足够的词汇量描述自己的感受，或者不能在生气的时候使用这些词语时。通过命名，你在巩固儿童的体验。在命名时要注意共情，不要说“你疯了，你就休息一下啊！”，而是说“我理解你现在很抓狂，这是正常的。我理解你。有时候，当事情没有按照我期望的样子发展时，我也会很生气。先去休息一下，再回来做，可能会好一点喔”。按照这种方式，你在合理化这种感受，同时还给儿童提供了一种可以尝试的策略。

要点

认识到感受会随着挑战和做事方式的改变而发生改变，即使事件本身看起来并不会困扰你，但是随之产生的焦虑和失望的情绪是真实的。回想你因为事情没有按计划发展而生气的时候，把这种情绪放大，这可能就是孩子现在的感受。

如果休息一下还不够，你可能还需要鼓励儿童进行自我对话或者采用“思考中断法”。有时候，在灵活性上存在困难的儿童和青少年会被困在一种思绪里团团转。这些想法通常都含有“应该”或“不应该”的字眼，比如“我应该拥有所有拼图片”，或者“他不应该弄乱我的积木”，或者“我应该用老师教我的方法做这道数学题”。你可能需要帮助儿童想出一种新思路，告诉自己，不要再被困在原地。比如，把“应该”改成“有时候”，此时的想法可能是“有时候，其他人会和我一起分享拼图和积木，这是可以的”，或者“有时候，做数学题的方法不止一种”。

事实

教授新的方式去思考事件和感受，是认知行为疗法的核心特征。这种疗法会教儿童和青少年，他们的思想控制着他们的感受，而身体会给出关于思想和感受的线索。思考中断法是其中一种策略，有助于教授新的应对方式。

也有很多策略可以教儿童在社交情境中保持灵活。你可以从把灵活性的概念融入游戏中开始。比如，在读书时，如果里面的角色有灵活的表现，或者想法出现了变化而导致了积极的结果，你就可以指出来并对此进行讨论。你可以拿出一些又硬又干燥的橡皮泥和一些柔软且有韧性的橡皮泥给儿童，问他们哪一种比较好玩。在搭积木的时候，你可以做一个实验，看看当你对儿童的游戏方式进行调整时，他们的表现是什么。如果儿童生气了，你可以把这当成一次机会，鼓励他们使用命名、自我对话和思考中断法等应对策略。

中途改变计划

对于有认知灵活性困难的儿童和青少年而言，流程的改变是非常烦人的。他们可能希望每天都按照同样的流程去学校。他们可能会对“同样的”

非常执着——同样的外套，同样的午餐盒，按照同样的顺序做任务，以及同样的食物。当家庭计划或者学校日程安排中出现了变化，他们可能会变得非常生气。

要点

对于一些儿童，尤其是患有自闭症谱系障碍的儿童，为变化提供视觉支持能够有所帮助。你可以告诉并展示给儿童看，事情可以怎么不一样，比如，给他们看图片，看正在经历相同变化的儿童的社交故事短视频，或者在他的视觉化日程表中移动活动图片。

帮助儿童更好地应对改变和更能适应的一种方法是，提供对改变的预期指导。如果你已经知道学校某天会提早放学，或者孩子的某节课会有代课老师，那么你需要让孩子提前知道。如果你计划去超市，但是突然意识到要先去接在托儿所的另一个孩子，那么你要让孩子对这个改变有所准备。跟孩子说这个改变，也许就能避免他因为觉得你开错路而生气。如果即将有一个大的变化发生，比如，露营、开学或放学，或者有家庭成员来访，那么你需要把变化写在孩子能看到的日历表上，然后提前几天或者几周跟孩子讨论计划中会有什么样的变化。

警示

有时候，你会觉得，妥协一下让孩子按照他们想要的方式行动更简单，因为看起来像是你在“没事找事”。但是，从长远的角度来看，教授灵活性技能很重要。选择一个你想要孩子改变的刻板行为，然后从可以掌握的一个小步骤开始。你还可以创造性地给孩子提供一些机会或者出口，让他们能按照自己想要的方式完成，比如特殊艺术项目、搭建项目。这样，他们就能在其中既感受到控制，又稍稍展示出刻板的一面。

总会有一刻你无法预测到事物的变化。在这些状况中，最佳的做法是帮助儿童使用应对技能。认可这些感受（比如，失望、生气、困惑和担心），鼓励正向的自我对话（比如，“我能应对改变，我之前做过的”，或者“事情有变化，但是我可以的”），还有将改变可能带来的积极结果进行视觉化。你可以把这些应对技能以微小的方式融入日常流程，等大的改变到来时，你的孩子会更有准备进行应对。你可以按照稍稍有些不同的路线送孩子上学，也可以在衣服、食物或玩具的喜好上面做一些小的变化。然后，帮助孩子适应这些小的改变。

修复

有时候，即使我们付出了最大的努力，有认知灵活性困难的儿童还是会因为事情没有按照计划进行而崩溃。如果遇到了这种情况，你首先需要让孩子冷静下来。不要在他们正处于情绪爆发点的时刻，和他们讨论应该如何用不同的方法行事。回想一下你非常生气的时刻，在情绪激动的状态下是很难用逻辑处理事件的。处理事件的最佳时机是，等儿童冷静下来的时候，甚至等到事件结束的当天晚上，儿童更平静的时候，再进行处理，这时效果会更好。用建设性的方式进行讨论非常重要。刚开始，你可以先对儿童表示感同身受（比如，“我知道你中午写作业的时候非常恼火”）。接下来，询问儿童，这件事给他带来的感受是什么，并提供反馈以表示理解（比如，“我听说你因为不能做大象的报告而生气，你肯定特别失望”）。你并不一定要认同儿童生气的事情，因为这些事情对你来说可能是无所谓的。重点是，这些事情对他们来说是大事，而你很想了解他们的感受。随后，你可以谈论问题解决和应对技能（比如，“问题是，大象已经被另一个同学选走了，而规则是每个学生都要做不同的动物报告。我理解你不喜欢这个规则，但是会有办法解决这个问题的，我们可以一起找到办法”）。最后，如果儿童有不恰当的行为出现，你可以按照这种方法教授应对技能（比如，“你可以对这件事情感到生气，但是不能撕毁作业和向我扔作业。我们能不能想出另一种表示你很生气但又不会伤人的办法呢？”)。每一次，当你引导孩子走完这个流程时，你都在培养他们的应对技能。

第十一章

自我调节：对想法进行思考

养育和教学的一个共同目标是，将儿童培养为独立的思考者和学习者。教师希望学生可以将自己已经了解的知识进行扩展，或者用崭新的方式思考某个主题。家长期盼儿童能够为自己的学习负责，独立完成任务。对有执行功能困难的儿童和青少年来说，自我调节过程，以及监督自己的想法、感受和行为以实现学习目标，是非常有挑战的。

什么是自我调节

成为一个能够自我调节的学习者意味着什么呢？关于自我调节的思考并不是对自己进行教学的过程。通常，家长和教师在培养儿童的自我调节技能上充当着导师的角色，他们鼓励儿童进行自我反省、自我评估、自我监督、设定目标、制订计划以及寻求帮助。自我调节是学习者为了达成学习目标而计划、执行和反思自己的学习的过程。在学习上能够自我调节的学生，在学校中学得更好，更自信，长大后的学习独立性也更高。

事实

在所有的自我调节策略中，有两种策略能够最大化学习成果：实践测试，以及长期坚持每次都学一点而不是一次性集中学习。

在执行功能上存在困难的儿童和青少年通常都会遇到自我调节问题。他们可能不提前思考就直接开始做任务，因此更容易犯错。他们可能不知道应该从哪里开始着手完成作业或项目，因此停滞不前，或者在遇到挫折后直接放弃。他们还可能很难从自己的错误中学习，因此还在继续使用之前无效或低效的策略。

自我调节的其中一个重要元素是元认知，也就是“对想法进行思考”或者“了解知道的内容”。家长有一个重要的角色，就是充当儿童的元认知导师。家长可以教儿童变得更有策略，更自主，以及更灵活地完成学业任务。

其中一些技能，家长自己已经自然而然地做到了，比如建议孩子如何为写作业做准备，提供关于任务的结构和难易度的信息，以及教孩子如何应对任务，如何识别可能的障碍及可用的策略。当儿童和青少年得到了此类指导后，他们更容易有更好的自我调节能力，更顺利地完成任务。而家长不太清楚的可能是，如何教儿童在阅读、写作和数学方面的具体元认知策略。

阅读中的自我调节

阅读中包含三大要素：文字阅读（解码单个单词）、流畅度（快速、流利和准确地阅读）和理解。在每个阅读阶段，都有可以帮助儿童和青少年思考阅读过程的策略。这些元认知阅读策略的目的在于，帮助儿童和青少年在阅读时进行自我监督，并且使用策略来确保自己理解了阅读内容。

视觉化

当儿童和青少年在阅读单个单词上遇到困难，或者很难快速阅读句子或段落并记住内容时，他们需要使用策略来防止自己犯错。其中一个策略是，教儿童视觉化正在阅读的内容。每一句、每一段或每一页，他们可能会像描绘电影一样描绘阅读的内容。如果他们无法在脑海中描绘，那么很有可能是因为阅读中出现了太多的错误，或者不够流畅，需要回去重新阅读。

年龄更小的儿童可能比较喜欢把阅读的内容画出来。比如，如果你的孩子正在读一个故事，那么你可以让他画出故事的开始、中间和结尾。你可以把一张纸折成三份，孩子可以在上面画出自己记住的故事的开头、中间和结尾。或者，你可以让孩子根据他所阅读的内容画出人物形象。在使用这些策略时，如果儿童很难画出内容，可能是因为他们初次阅读时记住的细节不够多。你可以帮助儿童回顾并重读书中的章节，提高他们理解和视觉化所读内容的能力。

建立联结

存在元认知困难的学生通常可以准确地阅读，但不会积极思考所读的内容。也就是说，他们会“阅读”页面上的内容，但没有真正地思考内容的含义。为了帮助儿童在阅读时变得更积极，你可以教他们与文字内容建立个人的联结。幼龄儿童会从建立文字与自我的联结开始，你可以通过询问阅读材料与他们有怎样的联系来提供辅助（比如，“如果你处在这个角色的立场上，你会做什么呢？”“这个段落有没有让你回想起之前听到或看到的事情？”“你最喜欢故事的哪个部分呢？为什么？”）。可以辅助年龄稍大一些的儿童建立文字与文字之间的联结（把现在阅读的内容与之前读过的内容进行联系），或者文字与世界之间的联结（把现在阅读的内容与现实世界中的事件联系起来）。这些联结能够帮助儿童和青少年理解并记住阅读的内容。

你可以和儿童讨论他们正在阅读的内容，或者让他们对自己建立的联结做出注释。一些家长和老师会让学生在课本的空白处写下内容与自己的联系。一些电子阅读器也有内置的注释工具。或者，你也可以给儿童一本“元认知日志”，用来记录他们对所读内容产生的联想。鼓励儿童与阅读内容产生联系的方法有很多种，包括 T 形图（在一侧写读到的事实，在另一侧写产生的想法或联系）和补充句子（比如，“我认为……”“这让我想起……”，或者“这让我想到……”）。还不能流利书写的幼龄儿童也可以把读到的内容画出来，或者告诉你，然后你帮助他们把想法写下来。

提问

优秀的阅读者会不断思考他们正在阅读的内容。他们可能会在阅读前、阅读中或阅读后对自己提问。在开始阅读前，他们可能会问自己“我想要学什么呢？”或者“我读这个的目的是什么？”。这些提问能够引导他们进行阅读，帮助他们专注。比如，如果是为了乐趣而阅读，那么他们可能不一定要记住很多细节。但是，如果是为了考试而阅读，那么他们可能需要问自己：“这个是不是会考到的重要内容？”他们可能还会回顾已经读过的内容，找到特定的信息以进一步加深理解。你可以教儿童思考阅读的目的，这有助于他们根据需要改变策略（比如，是略读还是深入阅读，是寻读特定的信息还是阅读所有的信息）。

元认知技能良好的读者还可能在阅读过程中或者读完后对自己提问（比如，“作者这么说的意思是什么？”“这与我在课堂上学习的内容有什么联系？”“这部分是什么意思？”）。为了促进这个过程，家长可以鼓励孩子对阅读的内容进行提问。你可以让儿童对正在阅读的篇章提问题，然后一起回答。此外，你还可以让儿童在有问题的文字旁边贴一张便利贴，随后与他们一起研究，或者鼓励儿童在课上问老师。这能帮助儿童在阅读时保持投入，还能鼓励他们发展自助技能。

事实

科学家正在研究，对于大脑而言，在线阅读和阅读实体书是否属于不同的体验。有一些证据表明，“深入阅读”书本比在线的“信息式阅读”更能让人满足和投入，因为大脑沉浸于故事中，会像真实发生的那样加工信息。

做出预测

尤其是幼龄儿童，你可以与他们一起阅读，同时提一些问题来帮助他们思考。其中一种有趣的方法是，让儿童预测接下来会发生什么，这让他们能够从已经阅读过的内容中筛选出与后续情节相关的线索。你可以和儿童一起猜测，看看猜得对不对，然后讨论是什么线索让你们猜对了或者猜错了。这些做法能够帮助你培养儿童的推理技能，也就是重要的“领会段落中隐含之意”的技能。随着阅读内容变得越来越细微，包含的隐喻、俗语和修饰语越来越多，这项技能会变得愈加重要。

写作中的自我调节

写作是一个需要多项执行功能技能同时运行的复杂过程，个体必须能够计划自己要写的内容，组织要写的想法，及时开展书写的过程，思考写作的受众和目的，使用正确的语法、标点符号和拼写，以及后续的校对、编辑和修正等一系列流程。在写作过程中没有进行思考的学生，更容易频繁出现不连贯和行文散乱的错误。好消息是，你可以通过教学和强化好的元认知写作策略，为儿童的写作提供支持。

计划要写的内容

写作前的构思阶段对培养好的元认知写作策略而言十分重要。对于有执行功能困难的学生来说，计划要写的内容通常都很困难。对此，有很多方法可以提供帮助。首先，你可以辅助儿童对写作主题进行简单的讨论，让他们开始思考。询问他们对该主题有哪些了解，有哪些想法，你也可以一起参与讨论。其次，你可以帮助儿童将这些想法组织成文字。习惯于线性或者按序列进行思考的孩子，可能更倾向于采用提纲的形式。其他孩子则可能受益于把自己的想法整理成更视觉化或艺术的形式。信息组织图（graphic organizer）就是书写内容的一种视觉呈现，是在写作前整理思绪的好方法。信息组织图包括 T 形图、流程图、示意图、思维导图以及维恩图解等。网上有很多例子，你可以打印下来和孩子一起尝试。你还可以询问孩子的老师，是否有在课堂上使用的信息组织图。

要点

你还可以搜索信息组织图软件，儿童可以用这些软件拉拽和粘贴代表写作想法的图片，然后软件程序会帮助儿童按提纲的格式把这些想法整理出来。这类程序可以网上找到。

心理对照

在写作上存在执行功能困难的儿童和青少年，可能经常体验到“写作障碍”，也就是不知道从何下笔，或者写到一半堵住了，不知道怎么继续下去。预防这类问题的一种方法是，鼓励儿童在写作之前参与“心理对照”活动。这个策略要求儿童写下写作（比如一篇作文或一份报告）时会经历的过程。此外，儿童还要写下完成写作任务带来的两个好结果，以及在过程中可能存在的两个潜在障碍。随后，儿童还要写下一系列“如果……就……计划［比如，“如果（障碍），我就会（计划克服障碍）”］。最后，儿童要计划自己在什么时间和什么地点执行任务。这项在写作前进行的简单的构思活动，能够提升儿童执行写作任务的耐性和完成率。这项策略也可以延伸应用于其他项目，而不只是写作任务，因为它让儿童学会了如何视觉化未来，并为战胜挑战制订计划。

写作范本

有时候，对有执行功能困难的儿童和青少年来说，空白的页面带来的压迫感太大。他们可能不知道应该从哪里着手，或者不能视觉化写作任务完成时应该看起来是什么样子的。他们可能只是想到什么就写什么，导致最后写下的内容毫无组织。帮助儿童和青少年更好地理解写作过程的策略是，向他们展示被期望完成的写作范本。比如，如果你的孩子必须写一份读书报告，那么你可以向老师索要一份好的范本，这样孩子就能看到自己需要做哪部分内容。或者，如果儿童的年龄大一些，那么你可以问老师，有没有一篇有说服力的或者有可比性的作文，这样孩子就能看到一篇好作文的特征是什么，从而了解自己需要产出的文章风格。查看写作模板能够帮助儿童更好地理解写作任务的构成，这样他们就能知道应该从哪里开始。

警示

注意，不要让儿童抄袭写作范本。为了防止这种情况发生，你们可以一起查看范本，然后提炼核心要素，比如，主题句，三大要点，每个要点用一段话表述，对每个要点进行阐述，得出结论。然后，让儿童谈论如何才能让自己的作文满足每个要素的要求。

标准

除了查看各种类型的优秀写作范本之外，你还可以询问老师是否有评分标准可以用来指导整个写作过程。标准是指，在开始做任务之前列出对写作任务的一系列期望，这样儿童就能知道写作的评分标准是什么。比如，可能会根据作文的组织性、拼写或语法、词汇的丰富度、作者的语调和声音以及连接词的使用等，对儿童的作文进行评分。如果你提前知道写作任务的期望是什么，就能根据标准来引导儿童的写作，包括在大脑中提前构思最终效果。

要点

一些学生反馈，比起把想法写下来，他们通过说话表达的欲望更为强烈。听写软件可以把语音转化成文字，这可能比较适合这类学生。比如，Dragon[1] 和 MacSpeech[2] 就属于这类软件。

1 中文译名是“龙”，它是一款语音识别软件。

2 美国苹果公司研发的语音识别软件。

组织策略

在执行功能上存在困难的儿童和青少年，可能很难将自己的想法与中心思想或者其他已经写完的句子联系起来。帮助儿童组织想法的其中一种途径是，让写作过程变得更有策略。你可以从帮助儿童写一篇文章开始。一篇好的文章需要一个立场，还要列出作者会进行讨论的几个方面。比如，如果你的孩子正在写一篇学校是否应该让学生穿制服的文章，那么他可能会就这个议题采取一个立场，并列举三个理由进行解释。让孩子把三个中心思想写在索引卡上。然后，你可以让孩子把自己的想法和事实写在其他索引卡上，想到多少写多少（比如，“儿童应该有个人自由，我不想要穿制服”“如果儿童负担不起买制服的费用怎么办？”“统计有多少学校要求穿制服的数据”）。下一步，让孩子把与中心思想有关的想法整理在写有中心思想的那张卡片上。这个分类过程能够帮助儿童梳理并理解支持性观点、事实和详述是如何与中心思想和论点产生联系的。

数学中的自我调节

数学有多个基本构成技能，这些技能对于理解高阶数学概念至关重要。首先，儿童必须具备数字的概念，也就是能够理解数量、多或少以及数字排序。其次，儿童必须学习基本的运算技能，比如基本的加减乘除。之后，这些过程要能够变得自动化，儿童可以快速进行运算。基本的数学流利度对于学习高阶数学来说是必要的，因为了解数学基础能够使儿童腾出一部分精力专注于问题本身，而不是问题中的运算。最后，儿童需要学习数学程序，比如怎么解答数学应用题，如何解未知数 X，找到三角形的面积，计算或证明几何题等。所有这些解题过程都涉及数学推理能力的建立，也就是说数学中的每一个技能都奠定了另一个技能的基础，最终实现儿童对数学中更深层次的概念的理解。

有执行功能困难的儿童和青少年在数学上备受挫折的原因是多种多样的。一些学生有工作记忆困难，因此他们很难建立快速和自动化的数学事实，或者很难在记着一部分问题的同时进行下一步。这些学生可能会犯一些简单的错误，或者在全部运算都是正确时，却忘记了主要的问题而给出了错误的答案。其他有认知灵活性困难的学生可能会在问题与教学概念存在些许差异时一筹莫展。还有一些组织力较差的学生，可能会在多步骤解题过程中迷失方向，或者无法写下展示运算过程的步骤并找到正确的解题方法。最后，在自我调节上存在困难的学生很可能犯一些自己无法察觉的错误。有很多策略可以用来支持数学中的自我调节。

事实

一些研究显示，令人意外的是，预测数学成绩最强有力的指标并不是智力水平，而是知觉控制（“我可以学好数学的”这类信念）、内部动机和深层学习策略（对比于没有理解数学概念而只是尝试记住数学题的肤浅策略）的结合。

基本的数学事实

了解基本的加减乘除运算事实并保证随时可用，被称为数学流利（math fluency）。这就是为什么小学老师一直在反复要求学生练习数学基础，如果你能够了解这些数学事实，你的大脑就能腾出空，专注在正在学习的数学概念上。如果把所有精力都用在运算上，你可能会失去全局观，犯一些会毁掉整个解题过程的简单数学错误。在执行功能上存在困难的儿童，尤其是工作记忆出现问题的儿童，在数学流利上可能会遇到大的挑战。

家长可以用一种有趣的方式，在数学基础上帮助儿童。除了经典的卡片游戏（也就是家长展示一个数学运算，儿童给出答案）之外，还有很多游戏可以促进数学流利。在线游戏显示了很大的潜力，因为它们比基础的“训练”更吸引人。你还可以用提供音乐的形式来教学和强化数学技能。比如，有很多可以用来教乘法的“跳跃计数”歌。跳跃计数是了解数字乘法（比如，3-6-9-12-15）的过程，这样你就能快速得出乘法运算结果。对音乐的加工发生在大脑的许多不同区域，正如一段旋律或一首歌会在脑海中挥之不去，音乐可以作为一种强有力的记忆工具！

要点

旋光工作室（spinlight Studio）开发的“数学运算（Operation Math）”是一款关于数学事实的应用，适用于iPad[1]、其他苹果设备以及Nook[2]电子阅读器，这款应用里面有许多不同的“任务”，等待儿童以“特工”的身份来解决。这款应用设置了简单、中等和困难三个等级，让孩子有机会体验成功。

分解问题

家长可以通过多种方式协助儿童完成数学作业。研究显示，家庭中使用的教学方式不仅能够帮助儿童和青少年在家中进行自我调节，还可以延伸到学校中。对他们来说最有用的指导类型是，将大的问题分解为一系列小步骤。这种做法可以减少个体解题所需消耗的“认知负担”或精神能量。你还可以通过设置恰当的节奏，帮助儿童减轻认知负担。一些儿童会因为想要快速完成任务而犯错，对此，你可以通过强调每个步骤来帮助他们慢下来。每当你只让孩子完成可以掌握的一小步，给出反馈并讨论每一步的进展时，你都在教孩子自我调节。

---

1 美国苹果公司研制的平板电脑。

2 美国图书零售企业巴诺书店（Barnes & Noble）研制的电子书产品。

警示

> 青少年的家长可能会发现，自己无法帮助孩子完成他们带回家的数学题，因为他们没有学习过这些概念或者时间太长记不住了。可汗学院（Khan Academy）是一个免费的在线教学项目，你可以指导孩子在可汗学院的官网上找到数学题的分解步骤。

问题解决步骤

家长还可以通过教学问题解决步骤来帮助儿童理解如何解数学题。在执行功能上存在困难的儿童在这个领域可能需要非常细致的教学，因为他们可能无法引导自己解数学题。他们只会在看到一道题后立刻开始插入各种数字，而不去思考过程。教学步骤能够帮助他们更好地理解，解数学题一直都是有步骤的，他们需要经历所有这些步骤才能得到正确答案。

问题解决步骤的其中一个例子就是依照如下准则：理解、计划、解题和检查。这套步骤比较综合，适用于许多类型的数学问题。

- **理解**：阅读指示或问题。复述问题，或者表述这个问题是什么类型（比如，“这是一道减法应用题”，或者“这是一道让我按照运算顺序进行计算的题目”）。
- **计划**：问自己，“解这道题需要做些什么”或者“这道题的步骤是什么”。然后，回答这些问题［比如，“我需要设立数学语句”或者“我需要用 PEMDAS 策略（见第九章）”］。
- **解题**：完成解题的步骤并展示整个解题过程。在解题时大声说出或者对自己说出每个步骤（比如，“我首先要给这道应用题画一个图，这样我才能更好地理解它想让我做什么”或者“我要先从括号内的运算开始”）。
- **检查**：结束后，问自己，“我的答案行得通吗？”。反复检查数学运算和步骤，确保没有粗心大意，比如，忘记减号或者把减法算成了加法。

老师可能会在课堂中教儿童或青少年使用其他问题解决步骤。如果你的孩子练习的是不同的步骤，那么你可以询问老师具体内容是什么，以便在家中对这个内容进行强化。

教育类媒体

市场上充斥着各种各样帮助儿童培养认知和学业技能的教育类游戏。儿童自然受到计算机、iPad、视频游戏和手机软件的吸引，因此存在很多有趣的技能强化机会。虽然一些家长和教育者会担心基于游戏的学习方式，但是研究显示，在一些案例中，自我调节能力能够从这些方式中获得提升，记忆力和问题解决等部分大脑功能也能得到改善，并且阅读和数学技能也有所进益。

在寻找适合孩子的高质量教育游戏时，家长经常不知道应该从哪里着手。研究显示，对儿童最有益的游戏类型是“严肃的学习类游戏”，也就是针对具体学业技能的游戏。比如，学前班儿童使用教育类游戏来学习字母后，他们在认识字母和自我调节（可能是因为他们必须停下来思考，要按哪个字母来让游戏出现有趣的事情）两方面都有所受益。另一类经常能带来更多积极学习结果的游戏类型是模拟游戏。甚至还有一些模拟游戏可以被视为严肃的学习类游戏，因为它们能够带孩子体验古埃及、美国南北战争或者对地球的环境分析。

为儿童寻找适合的具体游戏的过程可能非常令人疲惫。为了搜索完美的游戏应用，可以在搜索引擎中输入“数学游戏”，得到的选项可能比你想象的多很多。令人感激的是，很多机构已经帮你做了这些工作！你可以查看下列资源寻找教育类游戏的评分。

- 常识传媒（Common Sense Media）不仅提供了教育类游戏和应用的回顾，还提供了对其他类型的媒介（比如，电影、电视）的回顾。这个教育回顾根据年龄范围、科目以及具体技能的分类，提供了关于不同应用软件最有益于哪个领域的学习的信息。

- 儿童益智应用（Smart Apps for Kids）综述并推荐了有益于学习的最佳应用软件，按照年龄、科目和价格（如果不是免费的话）进行分类。

培养自我调节技能

提高学业技能的最佳干预方法之一就是提高自我调节技能。你可能会比较惊讶，幼龄儿童居然可以通过游戏来学习行为的自我调节。具体来讲，教儿童参与延伸类假扮游戏，能够提升执行功能技能、词汇量、学业测试分数以及注意力，还能够减少破坏性行为。因此，把那些卡片收起来，拿出你的消防员帽子和公主魔杖，玩起来吧！

要点

“心灵工具（Tools of the Mind）”是一个颇有前景的学校干预项目，可以通过游戏教儿童执行功能技能。更多的内容请浏览其官方网站。

一直以来，游戏的重要性都是发展心理学家讨论和研究的主题。除了为情感表达提供非言语途径之外，它还能够为创造力、想象力、与他人的合作、问题解决以及练习个体成长后会用到的技能提供空间。如果你看到幼龄儿童在一起玩耍，就能观察到他们在互相模仿，以及模仿父母的言行（“过家家”就是一个很好的例子）。他们会扮演角色，彼此之间也会交换角色身份。他们会讨论什么是公平的，谁可以先玩什么。“假扮游戏”也能够让儿童思考不同的想法、故事主题和符号，这个过程被称为“发散式思维”。在假扮类和想象类游戏中，你可以看到儿童丰富的想象力在你眼前茁壮成长。游戏是儿童共通的语言，每种文化背景中的每个儿童都不需要教学就会玩。

事实

2—7 岁儿童的想象类游戏与个体之后的创造力、语言复杂度以及意识到他人观点和感受的能力的提升有关。

那么，游戏是如何促成自我调节的呢？游戏有一个有趣的认知特点，它需要抽象思维。比如，如果你的孩子正在玩过家家，那么他需要拿着物品假装这些是其他东西（玩具积木现在是“铲子”），或者想象假的物品是真的（塑料蛋是真的蛋，我要“吃”这些蛋）。儿童也会在游戏中扮演角色时用到抽象思维。你的孩子可能会想象一位“母亲”如何应对一团糟的“厨房”，他们可能需要记住自己的弟弟是“爸爸”，在扮演时要使用不同的讲话方式。

疑问

想象类游戏只对幼龄儿童有好处吗？

想象类游戏对年龄较大的儿童也有帮助！可以通过鼓励儿童或青少年讲故事、编戏剧、创造性写作或者参与想象游戏来支持儿童或青少年的创造力发展。

儿童在游戏中也会进行自我反思。他们可能会问自己，“妈妈会在这个游戏餐厅里做什么午餐呢？”，或者“如果我戴上王冠，意味着我现在就是公主的角色了吗？”，或者“如果你假扮的是蜘蛛侠，那么我也应该选一个超级英雄的角色”。他们必须思考自己的角色与他人的角色之间的关系。

事实

根据凯撒家庭基金会（Kaiser Family Foundation）的数据，年龄为 8—18 岁的普通儿童每天会花 7.5 小时以上的时间在荧幕娱乐上，不管是电视、计算机、iPad、视频游戏还是手机。而这还没有把使用计算机做家庭作业或检索的时间算在内！

在当今这个时代，经常会出现儿童的游戏时间被缩短的情况。学校的休息时间越来越短，幼儿园的学业要求也比以前严格。由于儿童还要穿梭在有组织的运动或活动中，他们的“休整”时间也越来越少。虽然运动和活动很好，但它们是由成人组织的，儿童没有太多的机会练习自我组织——建立执行功能的一项技能。一些儿童还会持续沉浸于电视、视频和视频游戏带来的娱乐中。参与这些活动以及活动本身可能没有坏处，但是比起创造一个藏在床单堆成的堡垒下的想象世界来说，它们对心智培养而言太过被动。作为家长，你可能忍不住想让孩子保持忙碌，并且在他们无聊或烦躁不安时转换活动。但若这么做，你可能会在不经意间抹灭了儿童展现创造性的机会。

那么，如何帮助幼龄儿童参与假扮游戏呢？研究显示，与儿童谈论社交情境以及给儿童朗读或讲故事的家长，更容易养育出假扮游戏参与程度高的儿童。准备一些能让儿童扮演角色的装扮物品和玩具，也能够帮助他们参与假扮游戏。最后，鼓励儿童玩和编故事，引导儿童游戏并加入他们的假扮游戏，都能够促进这类有助于自我调节技能建立的创造性游戏。比如，“心灵工具”项目可以让老师和儿童开发“游戏方案”（如玩消防站），他们会让儿童写下、画出或口述该方案的内容。这个过程让儿童有机会思考游戏所需的工具（比如，消防帽、软管、卡车）以及每个人的角色。提前思考和坚持计划的过程，是自我调节的部分先导。

第十二章

情绪的自我控制

控制情绪的能力是积极学习和日常功能的关键。研究显示，更擅长情绪自我控制的儿童和青少年在学校的表现更好。这个研究结果很直观，因为如果儿童能够控制自己的感受，他就更不容易被情绪分心，所以学习的准备状态会更佳。并且，这类儿童在心烦意乱的时候更有能力寻求帮助，还能在自我安抚后回到工作中。在家中，他们也能够接受规则和后果，能应对失望、生气或悲伤等负面感受。

情绪的自我控制为什么重要

情绪自我控制困难的儿童很容易出现崩溃和过度反应，还会感觉失控。当儿童和青少年体验到无法应对的情绪时，他们一般都会通过行动表现出来。他们可能会暴怒、大哭大闹或者崩溃。他们还可能出现退缩行为或者“宕机”状态，也就是儿童撤退或拒绝与你互动或交谈。

教儿童监督自己的情绪是一个赋能过程。当儿童拥有了控制感受的策略，那么下一次在负面情绪出现时，他们将更有能力去应对。也就是说，他们将拥有一套在不同情境中使用的应对技能“工具包”。回想一下你感到沮丧、难以承受或生气的时刻，再想象如果你没有一个可以应对这些情绪的策略，将是多么难受的处境。给儿童和青少年提供自我监督情绪的工具是培养情绪自我控制的第一步。识别自己正在体验的情绪的强度和类型，可以帮助儿童和青少年决定使用什么“工具”来应对，还能缓解认为情绪无法管理的感受。

菲尼亚斯·盖奇的故事

有执行功能困难的儿童经常在管理负面情绪上面临挑战。为什么呢？答案来自一位叫菲尼亚斯·盖奇（Phineas Gage）的人。1848 年，年轻的铁路工人盖奇遭遇了一次非常严重的意外，一根铁棒穿过了他的大脑前额叶。令人惊叹的是，他幸存下来了，但是他在这次意外后出现了明显的情绪和行为波动。他的心情变化得非常快，无法坚持计划，使用粗俗的语言，对他人也很粗鲁。虽然科学家还在争论盖奇出现行为变化的原因，但是已经清楚的是，情绪的自我控制与大脑额叶的功能有关，尤其是眶额叶皮质。这意味着，如果你是一个有执行功能困难（集中在大脑额叶区）的儿童，那么你受损害的领域可能不仅是学业的自我控制，还有情绪的自我控制。

命名情绪

教授情绪自我控制的一个首要步骤是，教授感受类词语。大多数儿童都有基本的感受类词汇量，比如生气、悲伤、恐惧和快乐，但是作为成人，我们知道除了这些，还有很多微妙的情绪。比如，恼怒和暴怒、失望和希望破灭或者激愤和惊恐之间是有区别的，它们会造成不同的反应，需要不同的应对技能。为了扩充儿童的感受词汇量，你可以先从示范开始。当你正在体验某种情绪反应时，命名这种情绪，并大声谈论你将如何应对（比如，“我们的野餐因为下雨不得不取消了，我觉得很失望，因为我真的很期待。但是，我会努力想出一个有趣的室内活动。”或者“我们要迟到了，我很沮丧。我要深呼吸一下，告诉自己会没事的。我会打电话给祖母，告诉她我们要迟到了。”）。

你还可以通过书本来教授感受类词语。有大量书籍可以教儿童和青少年有关感受的内容。即使某些书不是专门教学感受的，你也可以在和儿童一起阅读的过程中谈论书中的人物及其情绪。你可以让儿童回想自己与故事中的人物在哪些时刻有相同感受，或者思考如果遇到相同的情境，将如何应对自己的感受。

警示

“难过”这个词有着多种深层含义。一个人可以因为生气、悲伤或害怕而难过。为了帮助儿童弄清楚他正在感受哪种类型的难过，你可以问："你能告诉我，难过是什么意思吗？"或者"你觉得你感觉到的难过是哪种类型呢？生气的难过？伤心的难过？还是害怕的难过？"

最后，当你看到儿童正在体验某种负面情绪时，你可以为他们命名这种感受，进而培养他们对情绪的意识。在这个过程中，你应该以好奇的姿态去接近，而不是直接告诉儿童你觉得他的感受是什么。这称为"注意和探索"技术。你可以说，"我注意到，当我告诉你今天不能去动物园后，你把蜡笔折断了。你是不是有一点失望或生气？你能多说说正在想什么吗？"或者"我看到你在哭，你看起来很难过。我会因为伤心而哭。那么你呢？"通过注意行为，探索相关联的情绪，你可以帮助儿童建立事件和感受之间的联系。命名情绪通常以儿童的经历为依据，这种做法有助于把这些情绪变成他们能够应对的。你甚至可以提醒儿童，他们曾经成功地应对过此类负面情绪（比如，"还记得之前有一次我们没能去动物园，你很失望，但是最后我们在公园玩得很开心吗？"或者"还记得上次你很伤心，然后你坐着和我聊天，并感觉好了一些吗？"）。

提供可选择的行为

有的时候，儿童的情绪会占上风。比如，你在超市告诉孩子，不能买糖果。他可能会不管不顾地抓着糖，躺在地上边踢边叫。那么，你该怎么做呢？首先，需要通过命名情绪（比如，"当我说不能买糖果后，我看到你很难过。我知道你真的很想要糖果，你肯定很失望。"）表示你的认可（即使你认为这完全是过度反应，但对于你的孩子来说，这些情绪都是真实的）。然后，提供清晰的指令（比如，"我需要你把糖果放回去，站起来"），让儿童知道该做什么来代替不能做的消极行为。你还可以说"你可以感觉失望或生气，但是不能发脾气”之类的话，同时重复指令。如果可以，你可以亲自示范如何冷静。使用肯定和自信的声音，就像你坚信孩子会听从指令那样。可能儿童并不会第一次就听从指令，但是你需要持续给出指令，直到他们听从为止。

还有可能出现的情况是，有的儿童始终没有听从指令，而你需要进行肢体介入（如果可以）。在这么做之前，先提供固定选项，比如“你可以把糖果拿开并自己站起来，或者我来帮你”。如果儿童没有听从指令，你也能提供一个可供稍后冷静时谈论的选择。如果儿童的体形比较大，你无法移动他，那么你可能需要等他们发完脾气。当然，肯定会出现你太愤怒，或者因为儿童的行为造成了周围人的困扰而无法忽视的情况。在这些情况下，你可能需要协商。但是，这是最后一步！尽可能不妥协是极其重要的，否则你就是在教儿童：发脾气就能得到自己想要的东西。

警示

当儿童将情绪付诸行动时，你很难不感情用事，你认为他是故意这么做来操控你的。然而，没有一个儿童会故意做出问题行为来让父母失望。他们这么做是因为，除此之外并不知道还有其他途径。你可以把儿童每次发脾气的时刻都当成教学机会。

在情绪连续谱上，与将情绪付诸行动相反的一端是将情绪转向内部。在遇到看似很小的事情后，哭得歇斯底里或者躲进房间的儿童也需要帮助来做出好的行为选择。有时候，让儿童有时间单独冷静一下是可以的，有时候和儿童待在一起帮助他们冷静会更好。你是最了解孩子的那个人，所以你可以视情况而定。你甚至可以问孩子：“你需要自己冷静一段时间，还是希望我陪着你？”这个选择赋予了儿童在那个瞬间表达需求的机会。

追踪情绪以培养意识

在情绪自我调节上存在困难的儿童，会从频繁检查自己的感受中受益。对积极、消极和中性的感受进行追踪，不仅有助于感受类词汇的增加，还能培养在事件、想法和感受之间建立联系的意识。一旦儿童能够表达自己的感受，他们就能更好地处理感受。回想你自己试图改变某个行为的时刻，比如增加锻炼，或者改掉一个坏习惯。你可能会做的第一件事情就是追踪自己当前的行为水平。这有助于培养改变的意识和动机。

有一种简易的方式可以追踪感受，就是和儿童一起做一个代表不同情绪的图表。你可以从追踪一种情绪开始，随着儿童越来越习惯使用这张图表，逐渐加入更多的情绪。比如，你可以从生气开始，画一个感受信号灯，红色代表生气爆发或强烈的愤怒（比如，暴怒的和激愤的），黄色代表轻微的生气情绪（比如，烦恼的和受挫的）以及可能会引发更强烈的生气情绪，绿色代表没有生气情绪。你可以让儿童指出他在一天中不同时刻的感受所对应的颜色，当你看到儿童出现轻微的情绪，或者在某个行为事件后把图表当作一种“报告”的方式时，你可以指出他们是如何从绿色区域移到黄色区域再到红色区域的。检查儿童的频率取决于观察到负面情绪的频率。对于一些儿童，在早上、中午和晚上检查就不错，而有一些儿童可能需要频率更高或更低的检查。

事实

很多商业项目通过对儿童的感受进行分类，来教授感受类词语和情绪的自我调节。“调节领域（Zones of Regulation）”就是其中一个，这是一个课程，有手机应用。

另外一个检查系统叫作“情感温度计”。你可以为每个重要的情绪（比如生气、伤心、开心和害怕）画一个温度计，并按照 1 ~ 10 进行标记。1 代表感受程度低，10 代表情绪最强烈。让儿童展示自己的各种情绪处于温度计的哪个等级，同时找出与该情绪相关的事件或想法。比如，老师让孩子在休息时禁足，孩子感到这样不公平，他可能觉得自己的情绪对应的是“生气温度表”的“5”。这个活动可以让你们开启一段关于感受的对话，而且可以开始讨论解决问题的方式，比如什么是公平，如何表现才被允许休息。

警示

> 你还可以追踪积极情绪，比如开心、兴奋、愉悦或放松。这能帮助儿童进行积极思考，对一天中发生的好事情表达感激之情。

应对“崩溃”

若家中有严重情绪调节困难的儿童和青少年，那么父母可能已经很熟悉“崩溃”状态了。有时候，儿童的情绪太过强烈会导致激烈的情绪外泄，这些形式包括发脾气、大哭、吼叫、扔东西，甚至出现打、踢或咬等攻击行为。如果儿童处于这种状态，那么很难让他们冷静下来。

应对崩溃的部分工作应该发生在儿童崩溃之前。首先，你需要对儿童的行为列出清晰的期望。虽然不同家庭的规则在细节上千差万别，但是有三条核心规则可以作为好的出发点。大部分家庭规则可以分为以下三类。

1. 安全
2. 责任
3. 尊重

当儿童打破了其中一条规则，你需要提醒他们三条家庭规则的内容是什么，以及哪条规则被打破了。比如，如果儿童在生气时开始扔东西，你可以提醒他要保证安全。如果儿童开始冲你咒骂，那么你可以指出这个行为没有遵守“尊重”这条家庭规则。与之相对，更重要的是，当你看到儿童做出正面行为时，一定要指出来！比如，如果儿童在没有提示的情况下把东西收拾好了，那么你可以告诉她做到了“负责”。或者，如果她以一种礼貌的方式表达与你的意见不一致时，你可以指出，你很感激她即使对你很生气也能够保持尊重。这些提示能够帮助儿童更好地意识到自己的感受和行为，而这是自我调节的第一步。

事实

有一个很好的资源可以帮助儿童学习新行为而不是继续做出问题行为，即积极行为干预和支持（Positive Behavioral Interventions and Supports）网站。

下一步是努力在一开始就防止崩溃的出现。大多数家长都能预感到崩溃的到来，因为在事件发生前通常会频繁地出现行为预兆。你可能注意到，儿童变得紧张或出现了预示着生气的面部表情，或者你认出了可能会引发情绪反应的诱因事件。如果你看到了其中任何一个行为预兆，就可以尝试使用注意和探索策略对正在发生的事情进行观察，并询问儿童需要什么。如果可能，保持冷静和中立的态度，这是非常重要的。因为这可以向儿童展示如何保持冷静，即使面对消极情绪。同时，这也是向儿童展示共情和理解的一种途径。

要点

自闭症谱系障碍的儿童通常在言语表达上存在困难，他们大多以图像的形式进行思考。为了应对情绪反应，或者防止情绪爆发，你可以向儿童展示关于其他儿童对该事件是如何反应的社交故事。“学习故事（Stories2Learn）”手机应用软件是一个很好的切入点。

如果一场崩溃无法避免，那么下一步是降级。降级是指使儿童恢复到冷静状态的过程。这个过程始于承认儿童是从什么状态发展到现在这个状态的，不管是通过注意和探索策略，还是对你看到的行为和情绪进行简单的命名。即使你认为儿童反应过度了，也可以先承认这些感受（比如，“我理解你为什么生气了”），然后给他们提供一些行为选项。

警示

如果儿童的崩溃会造成自己或他人的危险，那么首要任务就是保证安全。如果儿童处于危险的情境中，你可能需要立即报警或者拨打儿童危机热线。在干预后，你可以和儿童谈论你为什么会打电话，你的目的是保证他和他人的安全。这样，儿童就不会认为出现强烈的情绪和失去控制就意味着“麻烦了”。

在儿童崩溃后，你可能需要在处理事件前先给儿童一点时间，因为立刻与儿童就事件进行讨论可能会让他们的情绪再次升温。当儿童真的冷静下来后，你可以开始问他，是什么导致了崩溃，将来应该如何预防。如果家庭规则在这个过程中被打破了，那么你可能也需要给该行为提供“自然后果”（比如，如果儿童把妹妹的涂色书撕坏了，那么他需要把书复原；如果儿童对妹妹说了刻薄的话，那么他需要道歉）。你需要记住，儿童并不想要情绪失控，这对他们而言是很恐怖的。用超过事件应有的自然后果对儿童进行惩罚，可能会让事情变得更糟糕，还会在无意间让他们觉得拥有强烈情绪是不好的。你应该向儿童传达的信息是：可以拥有强烈的情绪，但是不能破坏“安全、责任和尊重”的家庭规则。

第十三章

完成任务

能够开始任务是一件重要的事情，而能够完成任务是另一件极其重要的事情！你可能发现，儿童能够开始一系列不同的项目、任务或活动，但是在完成其中任何一项上都存在困难。或者，儿童可能会开始一项任务，然后因为遇到困难而不知道应该做什么。家长能够通过了解任务的本质，以及教授如何保障任务完成的策略，帮助儿童和青少年克服这些困难。

什么是完成任务

不管是家务、家庭作业还是长期任务，有执行功能困难的儿童和青少年通常难以看到任务从开始到完成的过程。作为家长，当孩子在一个大项目的截止日期的前一天才来找你帮忙，而你发现他甚至还没开始时，你或许会备受打击。接下来，你就要到处跑，给孩子准备项目材料，或者陪他一起熬夜到很晚，然后内心咆哮着他到底为什么不能早点开始！你可能还会发现自己十分恼火，因为明明是很简单的任务，孩子却花了无比漫长的时间去完成。有执行功能困难的儿童的家长经常会说，“为什么花 10 分钟能做完的事情，你却要花几个小时”。

对有执行功能困难的儿童和青少年来说，为什么完成任务如此困难呢？其中的缘由有很多。有一些案例是，儿童觉得任务超出了他们的承受能力，他们甚至不知道应该从哪里下手。或者，他们在任务完成到一半时觉得太过无聊或困难，于是放弃了。还有一些案例是，儿童没有能力做某项任务，说“不想做”比承认“不知道怎么做”更好接受。换句话说，看起来坏比看起来笨要好。记住，对于儿童来说，上学就是他们的工作。如果你没有完成任务，却必须“上班”，还要一整天都觉得自己很失败，那么这也不会是什么好的感受。儿童可能会在任务的中途被分心，注意力被拉走了太长时间以致再也没有回到任务中。

在儿童完成任务时，有几个领域通常最容易出现问题：完成短期任务，比如个人的家庭作业任务和家务活；完成长期的阅读任务；以及完成长期项目。

短期任务

不管是扔垃圾还是完成数学题，有执行功能困难的儿童和青少年可能都需要支持才能完成这些任务。大部分时候，他们无法描绘任务的结局，或者无法描述完成任务带来的积极情绪（比如，“如果去扔垃圾，妈妈就会停止唠叨”或者“如果把这份数学题完成，就能去看朋友”）。与之相对，他们总是专注在当前不想完成任务的负面情绪中。研究显示，其中一部分原因可能与神经系统相关。比如，有注意缺陷与多动障碍（ADHD）儿童的大脑中负责奖励的区域在做无聊的任务时并不会被激活，只有在兴奋或者有趣的任务中才被激活。这就是为什么 ADHD 儿童可能会好几个小时都专注于有趣的绘画任务或视频游戏中，但是在做单调的家庭作业时，注意力持续的时间就很短。家长不得不经常提供一些“火花”，帮助儿童完成他们不想完成的任务。

事实

大脑中的多巴胺和去甲肾上腺素是神经元传递信号的神经递质。对于注意力和奖励而言，它们是非常重要的角色。研究者在探索 ADHD 潜在生理原因的过程中，一直在讨论这些神经递质所扮演的角色。

家务

给儿童安排一两件家务活很重要，因为这能够教会他们责任和尊重。家务不应该总被认为是每个人必须做的负面事件，如果你以这种方式呈现家务，那么儿童有很大概率不愿意做。你需要把做家务塑造为对家庭表示尊重以及为自己的责任感到自豪的事情。你还可以告诉儿童，不发牢骚，尽快做完家务，才能有更多的时间与朋友和家庭成员一起玩，以及用争论的时间做家务的话，可能早就做完了！你可以先写一份必须要完成的家务清单，并在每项家务旁边注明由谁来完成。然后，让儿童选择他希望负责的家务。给儿童提供选择的机会，有助于确保他们完成任务。

给儿童分配的家务需要根据他们的年龄来定。比起年纪稍大一些的儿童，幼龄儿童在如何做某件具体家务上需要更多详细的说明。比如，告诉6岁的孩子“摆桌子”可能是不够的。你需要带着孩子一步一步来。尤其对于幼龄儿童，你可以先从和他们一起做家务开始，然后逐渐给出更多的独立空间。你还可以尝试在家务中开发一些游戏。比如，你可以给家里的孩子每人一个洗衣篮，设定好时间，看他们能在5分钟内收集多少玩具。对于稍大一些的儿童，你可以进行头脑风暴，想想有哪些方法可以让家务变得没那么强制性。比如，你可以允许孩子在做家务的时候听歌，或者让一家人一起做家务，在做完后，留时间一起做好玩的事情。

不过，做家务和做好家务完全是两码事！在让儿童完成家务之前，需要讨论你对家务质量的期望是什么。记住，有执行功能困难的儿童可能无法在脑海中想象摆好的桌子或者干净的房间。提前设置对质量的期望，可以防止你在孩子明明“已经做完了”的时候，还在试图让他认真做家务。还有，要把大的家务分解成小的部分。比如，在要求儿童打扫房间时，你可以把这个家务分成三个部分：玩具、衣服和床。然后，跟儿童说这些小任务：捡起玩具放到玩具区；把脏衣服放到洗衣篓里，把干净的衣服挂起来；整理床铺，把不属于床上的物品放回原位；等等。

等你和儿童选择好要完成的家务，并讨论了对质量的期望后，你还需要讨论背后的理念是什么。当儿童拒绝完成家务时，这个理念可以帮到你。比如，如果卧室很脏乱，可以用来玩耍的空间就很小，导致朋友没办法过来玩了。或者，如果脏的碗碟没有清理，吃东西就没有器皿了。如果不洗衣服，就没有干净的衣服穿了。如果浴室没有清理，那么朋友来时会很尴尬。思考家务背后的理念，然后据此（还有争论点！）选择分配给儿童的家务。如果你想不出青少年每天都应该整理床铺的确切理由，那么执行起来可能会更困难。变得生气或专制（“我说了，你就得做！”）通常都会遭到儿童的反抗。

鼓励家务责任心的其中一种方式是，制造一套图表系统，作为提供奖励的方式。对家务进行追踪有几个好处。首先，它可以作为所需完成的家务的视觉提示。其次，它展示了家庭中有谁已经完成了家务，以及每件家务的完成频率。当清晰地展示了对每位家庭成员的期望时，对轮到谁做家务的争论就会减少。你可以选择提供奖励的方式，可以每日为完成家务提供特别的奖励，或者采用积分制，比如在每周结束时计算完成的家务量，每件家务记一分，积分可以兑换成奖励。奖励并不一定是需要购买的东西，也可以是获得看电视或使用电子屏幕的额外时间，在上床睡觉前获得 10 分钟的额外自由时间，或者一起玩特别的活动。

疑问

我应该用钱奖励孩子做家务吗？

一方面，用钱奖励孩子做家务是否意味着教会了孩子只需要做那些有利可图的事情，对此仍旧存在不少争论。另一方面，家长报告金钱确实是非常强有力的诱因。你可以通过以下方式进行平衡：让儿童完成主要的家务活以表明他是家庭的一部分，然后在儿童完成额外的家务时给予金钱奖励。

家庭作业

培养良好的作业习惯对完成任务是有帮助的。好的习惯来自家庭对何时、何地以及如何完成作业的稳定的和一致的期望。在完成家庭作业上，有执行功能困难的儿童比其他典型发展儿童需要更多的结构化支持。他们可能会分心，很难开始做任务，停滞不前，轻易放弃，或者无法按标准完成家庭作业。

警示

从儿童上学前班起，就可以开始培养他们做家庭作业的习惯。在学前班，尤其是在上幼儿园前的那个暑假，你可以让儿童每天在同一时间参与一些需要静坐的活动，比如给书本涂色，让他们习惯于在固定的时间里做家庭作业的节奏。

时间

首先，你可以帮儿童设置专门用于写作业的时间。注意儿童的能量水平和节奏。很显然，一些儿童在放学回到家后，需要先做一些积极的事情来释放压力。另一些儿童到家后仍然在“上学模式”中，那么立即写作业可能会更好。总的来说，家庭作业越早开始做越好。你可以设置一个目标，比如必须在晚饭前做完作业。对于青少年来说，让他们尽早开始写作业可能格外困难。如果你看到他们熬夜写作业，睡眠时间少于 8~9 小时，那么你需要与他们讨论如何提供支持，让他们尽早写完作业，不影响睡眠时间。糟糕的睡眠实际上会损害执行功能技能，任何一个睡眠质量差的人都可以证实这一点！

事实

按照一般的经验，儿童在家庭作业上花的时间应该是每升一年级增加 10 分钟。所以，一年级学生每晚写作业的时间约是 10 分钟，二年级学生约是每晚 20 分钟。如果你的孩子在写作业上花的时间明显超出预期，那么你可以和孩子的老师预约见面，讨论可能的改进和调整方案。

位置

为儿童设置一个不受干扰的学习区，鼓励或者规定他们需要在该区域完成家庭作业。学习区应该远离电视，即使电视的声音只是背景声也不行。对于稍大一些的学生，可以考虑设置一个无科技产品的区域来隔离分心物。这个区域应该灯光明亮、远离杂乱且舒适。帮助儿童选择写作业的地方，一起创造这个空间。你可以准备好儿童可能需要的物品（比如，计算机、尺子、订书机、剪刀），以及可以查看短期任务和长期任务进度的日历或白板。让儿童或青少年参与设计这个特别的区域，这可以成为你们周末一起参加的有趣活动。通过这种方式，他们能够感觉到自己是这个过程的一部分。作为成人，我们也会有效率高和效率低的工作区，对于儿童和青少年也是一样。他们可能知道，在窗户旁边学习会是一场灾难，因为很容易分心，或者如果在卧室里学习，会无法抵抗小睡一会儿的诱惑。你可以和儿童一起确定，高效率学习区应该拥有哪些要素。

要点

儿童设想的理想学习区可能与你的设想存在冲突。最佳学习区应该是能带来结果的，在这个案例中就是按时完成作业。可以允许学习区有一些灵活性，但是要确保收集了数据，了解该学习区是否有效，并在需要的时候进行调整。

规划

对家庭作业时间进行规划能够提高任务完成率。因为有执行功能困难的儿童经常不对完成任务设定计划，所以可能需要在他们写作业之前，花几分钟时间共同做一份计划。查看明天需要上交的作业以及即将到来的测试和长期项目，写下任务顺序以及预计完成任务所需的时间。在儿童最有新鲜感的时候，鼓励他们先完成最困难的任务。确保儿童在决定完成任务的顺序上有一定的选择权，这能提高他们的动机。还可以在儿童写作业的规划中加入一些休息的时间，或者在中途提供一些小奖励。在内部加入一些激励因素也可以提高任务完成率。如果你发现儿童在写作业上拖拖拉拉，那么可以鼓励他在脑海中描绘完成作业后以及享受休息或奖励时的感受和情形。

在家庭作业结束时，可以帮助儿童对整个过程进行反思。他有没有按照计划来做？是否有任务完成的时间比预期的长？是否有一些任务花费的时间比预期的短？什么对消除分心物起作用？是什么转移了他的注意力？他是否记得完成了任务的所有部分？询问这些问题能够帮助儿童进行自我监督，以在下一次制订更好的家庭作业计划。

疑问

我下午6点才下班，因此无法在孩子放学回家后监督他做作业。怎么做才能让他在我到家前写完作业呢？在一天漫长的工作后，我最不希望做的事情就是和孩子在写作业上吵来吵去。

你可能需要在放学后的几小时内争取获得一些支持。如果可以，安排孩子参加校外辅导项目，或者去自习室，让他能在回家前完成作业。或者，你可以寻求保姆或者年长亲戚的帮助，让他们能够在你到家前对儿童完成任务的行为给予奖励。

追踪进程

呈现进展情况的视觉提示能够提高儿童的动机。回想一下，你在待办清单上划掉一个大型任务，或者在日历表上标记按计划锻炼时所体会到的满足感。人们追踪事件是为了看见进展，并体会到成就感。对儿童，你也可以通过制订目标图表来做同样的事情。首先，选择一个可以测量和实现的目标。可以从简单的目标开始，慢慢提高要求，让儿童能够体会到成功的滋味。你也不会把减肥的初始目标定为“跑马拉松”，对吧？你很可能从散步开始，然后变成跑步，每一次都增加一些运动量。以下是一些便于追踪的目标示例。

- 立刻开始写作业
- 在晚餐前结束家庭作业
- 每天阅读20分钟
- 不受电子产品干扰地学习30分钟
- 在一周内完成超过80%的数学题
- 在一周内完成5篇历史日志中的4篇

你和儿童也可以制作一份“奖励清单”，在他达成每天或者每周的目标后进行奖励。奖励清单可以是比较简单的（比如，“达成每天的目标，获得一份奖励”），也可以是比较复杂的，可以在达成每日目标后兑换小奖励，或者存下来换取更大的奖励（比如，“如果达成了每日目标 5 次，就能获得一份大奖励”）。这些奖励并不一定是要花钱购买的或者实体的，虽然家长也可以选择这么做。你可以安排玩一些不一样的、和家庭成员一起进行的活动，或者允许儿童做一些在写完作业前被禁止的事情（比如，邀请朋友来玩，看电视，玩电子游戏等）。

要点

目标应该要“SMART（明智的）”，即 Specific（具体的）、Measurable（可测量的）、Attainable（可实现的）、Reality（现实的）和 Timely（及时的）。比如，“孩子能够在截止日期的前一天完成家庭作业，并且 5 个晚上中有 4 个晚上可以在晚餐前阅读 20 分钟”。

尽可能让系统变得视觉化是非常重要的。儿童可以与你共同创建图表和奖励清单，在这个过程中，他们能够感受到一定的掌控感。在与儿童共同创建激励图表时，有大量的在线项目可供家长使用。当地的文具店也可能有现成的图表销售。或者，可以直接拿一份大日历，每当儿童达成目标，就在那天贴一张贴纸。

警示

保持追踪系统的积极性非常重要。如果你发现自己在威胁儿童要把什么东西拿走，而不是提供完成任务的奖励，那么有必要改变谈论该系统的方式。不要说“如果你不做完，就不能看电视”，而要说“想一下，当你做完后能够看最喜欢的节目，该有多棒”，或者“你需要我帮你完成任务吗？这样，做完后就可以看电视啦”。

阅读任务

除了每天的家庭作业外，儿童可能还会被布置阅读任务，可能是阅读一本教科书、小说或者某本指定的而非儿童自己选的书。出于多种原因，有执行功能困难的儿童可能会难以按时完成阅读任务。一些儿童会低估阅读所需的时间，一些可能会因为没有硬性规定明天截止就决定推迟阅读，一些则在高效阅读和记住阅读内容上存在困难。还有一些儿童，直白地说，就是不喜欢阅读，让他们有动力阅读是一大挑战。

阅读规划

设定阅读规划的方法可以帮助儿童把大的阅读任务分解为小的、更能掌控的任务。将儿童的阅读任务（不管是为了读书报告、测试、考试还是课堂作文）分解成在考核前的每晚应该读多少页。如果任务涉及读书报告，那么你需要帮助儿童理解，阅读必须要在写报告之前几天完成，这样才能确保他有足够的写作时间。如果儿童有计划表或日历，那么可以让他写下阅读目标，就好像这是一项家庭作业。你可以把阅读目标写在小便利贴上，让儿童在没有完成该项任务时，能比较方便地把它转贴到明天的任务区上。这样，儿童也能够看到，如果没能完成当天的小任务，会有多少工作“堆积”到一起。

许多老师会把每日阅读（比如每天阅读 20 ~ 30 分钟）当成家庭作业来布置。帮助儿童在阅读任务中体会成就感的一种方法是，制作阅读日志（如果老师没有提供的话）。每当 20 ~ 30 分钟的阅读环节结束后，儿童就可以在日志上做标记。你可以在这些日志中穿插儿童感兴趣的要素，使之变得更视觉化和更有趣味性。比如，如果儿童喜欢火车，就可以在每次完成阅读环节后，在火车头后加一节新的火车车厢，看儿童最后可以造出多长的火车。或者，如果儿童对涂色很感兴趣，就可以买一本涂色书或者下载曼荼罗图样（一种可以涂色的圆形图案）。每次儿童完成阅读环节后，就可以把其中的一部分图案涂上颜色，直到整个页面都被涂满为止。

如果儿童拒绝阅读或者在阅读中遇到困难，那么你可以寻求学校的支持，学习可以在家使用的策略。一些家长报告，孩子在阅读上花的时间异常长，很难及时完成阅读任务。遇到这种情况，你可能需要考虑调整和配置，比如在任务被布置前（暑假或寒假前），先拿到阅读书目的清单，这样儿童就能提前开始阅读。你还可以考虑把书的音频文件下载到个人音乐播放设备或者计算机上，让儿童边看文字边听，以便加快进度。

警示

如果儿童在阅读上存在困难，那么你需要咨询儿童的老师以及学校心理咨询师，判断儿童是否存在阅读障碍。儿童不愿意阅读，可能是执行功能较弱的迹象，也可能预示着潜在的阅读障碍。

长期任务

有执行功能困难的儿童和青少年经常在完成非明天截止的任务上遇到极大的挑战。很多时候，老师会将大任务分解成一系列有截止日期的小任务。其他时候，老师会将任务一次性布置给儿童，由学生自己决定是否提前做一些小任务。如果一个任务已经被分解成了若干子任务，那么为儿童提供支持就会容易许多。比如，如果儿童有科学项目，老师可能会让他在某个日期前选择一个实验，一周后写一个假设，之后几天内进行实验，再在接下来的一周上交实验记录的初稿，最后再在下一周为这个科学实验制作一张海报。如果你已经提前知道了项目所包含的子任务及其截止日期，就可以提前准备，以免在截止日前一天晚上才跑到商店买科学实验材料和告示板，也不用熬夜陪孩子赶作业了。

要点

> 你也可以用有趣的方式教儿童管理长期任务。你可以买很多手工，或搭建类玩具，教他们如何通过每次做一点的方式最终完成作品。

要帮助儿童培养完成长期任务的长远目光，其中一种策略是把任务的每一步写下来，贴在截止日期前的日历表上。如果任务没有中期截止日，或者只是截止到期末，那么你可以根据自己和儿童的判断来决定每个部分的截止日期。你可以从截止日期开始反向推算，计划所需步骤及其顺序。在便利贴上写下子任务（比如，选择一个科学主题，写出假设），然后贴在儿童的日历表或计划表上，这样可能也会有帮助。在检查进度时，如果儿童没有完成任务，那么需要通过转移便利贴来重新规划日历表中的任务。如果老师给了一份包含任务所有组成部分的文字说明，那么你甚至可以直接复印，将步骤剪下来贴在日历表或计划表上。你需要考虑使用比较容易撕下来的胶带，以便在儿童落后于计划时进行调整。

第十四章

组织力

能够组织材料是学业成功的关键。没有什么比每晚陪孩子写作业，却收到老师的邮件说他三周都没有提交任何作业更让人崩溃的了！丢失需要的物品，或者忘记带学校要用的材料、书和个人物品，是每个育有执行功能困难儿童的家庭的重大压力源。

组织力是因人而异的

组织力较差的儿童经常是一团糟，在记住（或者找到！）所需物品上需要的支持也比同龄人更多。研究显示，详细的组织力教学能够改善材料的组织方式、家庭作业的管理、时间管理、计划以及学习成绩。教儿童组织技巧的重点在于，一定要找到对儿童最奏效的策略。很多时候，适用于你的策略并不一定适用于你的孩子。不存在“正确”的组织方式，或者说，只要是对儿童有效果的方式就是“正确”的。你可能特别有条理，很喜欢手写待办清单，并在完成后划掉。但是，儿童可能对清单没有任何反应，而是对自己所需记住的图片有反应。或者，他可能更喜欢科技产品，比如手机里的应用软件。帮助儿童获得更好的组织力是一个长期过程，需要保持探索的立场。你可以给儿童提供许多不同的选择，让他们逐个尝试，看是否有效果（比如，上交了更多的家庭作业，或者因为没有丢三落四而准时上学的次数有所增加）。持续观察哪些方法有效而哪些无效，这非常重要。亲子双方必须共同努力，试想，如果有人进入你的工作区帮你“组织”所有事情，那么你可能会发现自己不知道物品摆放的位置了，或者设置的系统对你来说并不管用。

孩子卧室的地板

脏乱的房间会引发一个问题，当儿童需要什么时，他们很难找到那个东西。然后，当你在早晨准备出门的时候，就需要疯狂地寻找儿童要穿的另一只鞋，或者他前一天晚上完成的家庭作业。

防止这种情况发生的一种方法是，遵守“每件事物都有其归属”的真言。为同类物品设置指定空间，每次都把这些物品收纳到该空间内。所有的书都放在指定的阅读区，毛绒玩具都放在一个箱子内，有多个部件的硬塑料玩具放在板条箱中，鞋子放在鞋柜中，美术用品放在指定的盒子中。如果儿童在卧室里写作业，那么桌子上应该有一个放纸箱或文件柜的区域，用来放置所有与作业有关的物品。总而言之，你选择的容器最好是透明的。传统的玩具箱或者不透明的柜子大部分都会出现问题，因为最后都会沦为随意放置物品的黑洞。组织力较差的儿童和青少年也可能从每个物品“归属”于哪儿的视觉提示中受益。你可以把物品（比如，衬衫、书本、乐高玩具）拍下来，然后贴在物品收纳的容器外面或上面作为视觉提示。或者，对于年龄稍大一些的儿童，你可以买记号笔标记容器内所收纳的物品。

事实

Pinterest[1]是一家优秀的网站，可以用来寻找整理儿童空间的方法。家长和专业人士会上传照片展示如何收纳杂乱物、如何整理以及如何组织有序空间的创造性想法。你可以在该网站上使用“整理儿童空间的想法”等关键词进行搜索。

你还可以在一天中设置几个具体时刻为小型的整理时间，比如周末早晨进行检查，确保每件物品都在“家”。你可以拿起物品询问儿童“这个东西的家在哪里呢？”来提供帮助。你也可以规定儿童每天都必须在某个时间进行整理，比如进入上床睡觉流程之前。如果儿童的物品总是扔得满屋子都是，那么你可以拿着篮子与儿童一起把物品收拾进去，再帮他们将物品分类放回“家”。

如果儿童经常收集一些无用的小玩意儿，或者东西太多了，你也可以阶

1 一家以图片为主的社交网站。

段性地做一次大清扫。帮助他们决定哪些是垃圾，哪些是有用的。许多儿童不知道如何采用一种系统的方式处理物品。对此，你可以准备三个大的洗衣篮（或塑料箱），分别标记为：要扔的、要送人的以及要保留的。“要保留的”篮子可以用来储存儿童玩得不多但不愿意扔掉的东西。然后，可以每过一段时间就把篮子拿出来，让儿童决定是否还想要里面的玩具，卖掉那些一段时间没被玩的以及已经旧得没有光泽的玩具。

年龄稍大一些的儿童和青少年也可以从这些策略中受益。面对他们时，可能需要为私人物品（比如，手机、钥匙和钱包）准备额外的“家”。你需要斗争的可能不再是乱扔的玩具，而是到处成堆的衣服。不过，对此进行分类、收纳和安置到“家”的组织系统同样奏效。

警示

青少年有时候认为，自己的房间是私人领域，拒绝你想要改变的意图。从个体发展阶段看，青少年的房间脏乱是很常见的。只有在这种脏乱引发了其他问题时，才有必要干预并帮助他们进行整理，比如找不到物品，或者有健康和安全隐患。

背包的旋涡

没有什么能比儿童一团糟的书包更令人害怕的了！你永远不知道自己在里面能发现什么——两天前的餐盒、一周前签过的同意书、一团皱巴巴的论文（孩子非常努力地完成了却忘记交）、脏兮兮的健身服——你能想到和想不到的东西都有可能出现。这个书包就像是承载了孩子生活中所有事物的容器，而对于组织力较差的孩子来说，这就是家长的噩梦。你会发现自己前一天刚刚清理完，现在又一团糟了。

“每件事物都有其归属”这个策略也同样适用于整理书包。你可以指定在书包内的哪些空间装哪些物品（比如，前面有拉链的小袋是用来装各种笔的，侧面的口袋是放水壶的，内部前面的口袋是用来放家庭作业的，等等）。

组织力较差的儿童还会遇到一个困难，他们可能无法准确记住自己需要的课本或书籍，或者他们的书包太混乱了，物品挤得满满的。为了减少这种情况，你可能需要考虑在家中多准备一套教科书，这样孩子就不用每晚都记住需要哪些课本了，因为这些书在家里的学习区都有。

最后，你还可以制定一套书包清理流程。比如，在儿童放学回家后，你可以把书包里的东西都拿出来，帮助他为写作业而进行整理。重要的是，你需要提问儿童有关整理的问题，而不是直接帮他整理。你可以问："你的铅笔放在哪里了？"或者"你是怎么归档这些零散的纸张的？"对于这些零散的纸张，应该规定每张纸都有其归属地。这能防止纸张缩到书包底部，变成皱巴巴的一团。

文件分类系统

抓住"每件事物都有其归属"的主旨，你需要帮助儿童为所有纸张建立一个组织系统。而最有效的系统是儿童偏爱的系统。一些儿童可能喜欢用活页夹来整理，或者把每门课的纸张都放在对应标签的风琴包文件夹内。另一些儿童更喜欢每门课都分别用一个文件夹或活页夹来整理。

不管用的是什么系统，颜色编码都很有帮助！在学期开始前，为每个学科分配一种颜色。按照分类的颜色给每本课本包书皮，买对应颜色的文件夹、便利贴、标签和指示卡。这样，儿童能够开始将某种颜色和某门学科联系起来（比如，数学是蓝色的）。放学时，如果明天有数学测试，他就能带走所有蓝色的物品。颜色编码的方法可以降低儿童拿错书本或文件夹的概率。

警示

有时候，老师希望学生能够遵守特定的分类系统，还会对此给学生打分。因此，你需要教儿童，有时候必须遵守老师的要求，即使这种方法并不是他们喜欢的。把这个过程描述为一种学习新的或更好的组织方式的途径。

值得注意的是，组织力较差的青少年经常找不到笔记。一般来说，笔记并不需要上交给老师，但是学习时会用到。你可能会在孩子杂乱的书包里的任何角落翻到笔记——潦草地写在松散的纸上，英语课笔记夹在了科学课笔记本里，一张纸上有很多节课的笔记，或者笔记上没有日期，很难知道哪些需要保存而哪些不再需要。同样，你需要和青少年讨论一个有效的策略，并提供可以进行尝试的组织系统（比如，在一个笔记本上记所有笔记，或者在各学科的文件夹内准备单独的格子放对应的笔记）。

事实

现在，也有一些应用软件可以用来整理研究项目的笔记，或者，在课上记笔记后，将它与网络或在线教科书的资源进行整合。这类应用软件包括：笔记本（Notability）和印象笔记（Evernote）。为了充分利用这些软件的功能，学校可能允许孩子使用 iPad 或便捷式计算机。

家庭作业系统

组织力较差的儿童和青少年通常难以追踪家庭作业的进度，包括要完成什么，什么时候截止，什么时候在哪儿上交。如果儿童总是乱丢文件材料，那么这个问题会更严重。更让你恼怒的是，儿童明明认真做了却没有收到任何好评。对此，他们也同样受挫！

帮助儿童建立家庭作业系统的一种方法是，制作“要做—已做”文件夹。将一个非常耐用的文件夹的左侧指定为“要做”区域，用来放还没有做完的家庭作业。把右侧指定为“已做”区域，放置已经完成的准备上交的作业。你可以用记号笔对两边进行标记，或者用胶带把便利贴贴在文件夹上进行标记。鼓励儿童把一天中所有课程的作业都放在这个文件夹内。确保他在完成作业后，把作业放在“已做”那侧的文件夹内。如果可以，在整个过程刚开始时寻求儿童老师的帮助，让他们能帮忙检查儿童的作业是否放对了位置。

有些作业用不到作业纸，比如“历史测验复习”或者“阅读生物课本第四章，并记笔记”。遇到这些情况该如何确保完成作业呢？可以让儿童对此进行头脑风暴。一些儿童喜欢把与家庭作业相关的物品和便利贴一起放在“要做”的那侧。另一些儿童喜欢把作业写在指示卡上，装在口袋里。还有一些儿童倾向于把家庭作业记在计划表上以便查阅，如果有需要上交的，会在做完后放在文件夹“已做”的那侧。有时候，儿童需要完成作业，但并不需要上交任何东西（比如，阅读任务和记笔记）。如果遇到这种情况，你可以帮助儿童找到放置阅读笔记的“家”，可以为这节课专门准备一个文件夹或者文件夹的一个格子。

家庭作业系统的另一个问题是，有一些任务是长期项目的一部分，必须完成，但又没有明确的“截止日期”。比如，如果儿童有一个研究项目要持续整个学期，那么把所有需要的文件都放在“已做”的那一侧似乎有些不合理。对此，为长期项目专门准备一个独立的“要做—已做”文件夹可能会有帮助。

警示

值得再次强调的是，最佳的组织系统应该是对儿童有效且合理的那个。你可以集合不同的系统，通过记录数据的方式评估它们是否有效。这个系统能否增加家庭作业上交的频率？如果不能，那么你可以和儿童一起判断该系统的执行是否恰当，或者是否需要一个新系统。

组织力较差的儿童和青少年存在一个与家庭作业相关的大问题，即如何处理返回的文件材料。有执行功能困难的儿童不会自发地问自己问题，决定哪些是垃圾，哪些是有价值的。你可以通过提问下列问题来帮助儿童做决定。

- 你在将来考试复习的时候需要用到这份文件吗？
- 这份文件是你觉得自豪并想要保留的吗？
- 老师希望你在学年结束时把这份文件放在作品集里，因此你需要保留它，是吗？
- 有什么方法可以让我们确保老师已经给这份文件评分并做了记录？

这些问题能够帮助儿童最终向自己问同样的问题，然后根据答案决定哪些材料需要保留，哪些需要送去资源回收。有一些儿童对于在学期结束前扔掉任何东西都会感到不安。如果是这种情况，可以帮助他们在家制作一个文件归档系统，让他们能够阶段性地把文件从书包或者课桌内移到家里一个安全的地方。这可以是一个很简单的纸箱或盒子。在学期或学年结束之前，返回的所有文件都可以放在里面。你也可以让儿童在书包内放一个“归档”文件夹，这样返回的文件就能有一个暂时的“家”。然后，儿童可以每天或者每周（或者当文件夹太满了后！）做一次归档，免得需要随时查阅的文件和其他不需要的文件一起被扔掉。

计划表

无论怎么反复强调规划系统的重要性都不为过！计划表对于记录需要做

完什么，下一个轮到什么，每天有哪些活动会占据时间，是十分有用的。组织力较差的儿童经常拒绝使用计划表的建议。其中的缘由可能有很多。很多时候，他们认为自己属于那种不用计划表就能记住所有事情的人。年龄稍大一些的儿童会说，可以直接登录老师的网站查看或者发短信问朋友。这种方法有时候有用，但也存在明显的漏洞。其最大的漏洞就是“你不知道你不知道”现象。儿童可能不知道要查看老师的网站或者问朋友在下周前需要完成什么或考试是在什么时候。他们可能缺乏远见，只问了明天需要交什么。计划表的可贵之处在于，它可以帮助儿童计划未来，并根据自己的时间进行任务安排。

那么，你该如何鼓励儿童制作计划表呢？答案是，你必须帮助他们掌控所选择的计划表类型。不管这种系统是电子的还是手写的，是大的还是小的，是学校提供的还是儿童在文具店自行挑选的，只要有日历就行（至少；若有周历，甚至月历，更好）。每日计划表会有问题，因为很可能儿童翻了一页后才突然发现明天有一个大型项目要截止，或者有一场重大考试。对于年龄稍大一些的儿童，电子日历可能更适合，因为可以在日历、周历和月历中来回切换。还可以设置提醒。

年龄稍小的儿童可能对包含创造性元素的计划表更感兴趣。这种计划表可能含有贴纸，儿童可以将它们贴在大型测试或者活动或预约活动的那天（比如，看医生、看牙医、看足球比赛）。你还可以将为各个学科设定的颜色编码系统延伸到计划表中，用相同颜色对同一科目的所有作业进行标记。文具店有多色笔，轻轻按一下就可以转换笔的颜色，儿童可能会觉得这很有趣。

警示

一些学校禁止儿童在上学期间使用电子产品，因此儿童可选择的计划表类型会受到限制。询问老师是否有相关制度，如果可能，可以请求协调。比如，在课后布置家庭作业时，允许儿童在监督下使用电子计划表。

在帮助儿童或青少年使用计划表时，最重要的是频繁地检查使用情况。作为成人，我们经常忘记改变一个习惯有多难。在开始新计划时，人们大多很兴奋，很热情，但是很快就将它抛到脑后了。你有没有曾经试着想要把锻炼身体作为每天的习惯？你可能在几周内都坚持每天去健身房，但是你的能量逐渐消失了。不知不觉，你又回到了一个月去一次健身房的频率。但是，如果有一个私人教练在健身房等你过去锻炼，你去健身的频率就会更高。同理，你就是儿童培养组织能力的私人教练。直到计划表成为儿童的第二天性之前，你可能都需要每天检查和提醒，之后慢慢减少为每周一次，最后根据需要抽查。在初始阶段，你可能还需要寻求老师的支持。如果老师同意了，那么老师在整个学年内帮忙持续检查儿童使用计划表的情况，也是非常有帮助的。虽然坚持使用计划表的最终责任是儿童的，但是如果在两个环境中都有人能对儿童进行监督，其成功率会大大增加。

帮助失物招领处的“常客”追踪所属物

你是否曾在一个学期内给孩子买过 5 个午餐盒？你有没有质疑过自己，为什么明明知道孩子总是弄丢衣服，却还在给他们买漂亮的外套？你的孩子是不是学校失物招领处的常客？有执行功能困难的儿童经常把物品放错地方，或者完全遗失掉。他们似乎缺乏在大脑中检查所携带物品的能力，也似乎永远意识不到所有物品都需要放回原处。

在某种程度上，清单是有效的，但问题是，清单上的项目可能每天都会改变。比如，儿童确实需要在某些日子里带运动服，但在别的日子里，他不需要带。将儿童一直需要用到的核心物品列入清单是有帮助的。比如，青少年总是需要钥匙、钱包和手机。你应该鼓励他们把这三样东西放在家中固定的位置，比如，门边的盘中、卧室的筐里。他们可以在出门前走到这个固定位置，对自己说“我需要三样东西：钥匙、钱包、手机”。

如何帮助儿童记住那些时而需要，时而不需要的物品呢？当儿童要出门时，可以开始一个视觉化的活动。将儿童所需的物品进行分类：衣物、学校用品、食物以及运动或活动用品。让儿童对各类别下所需的物品形成“心理图像”。在一天结束时，提醒他们之前描绘的“心理图像”，询问是否备齐了物品。如果孩子的记性特别差（或者你没有记下他需要带的物品），那么你可以用拍照的方式记录他的所有物品，然后在一天结束时展示照片，让他再次检查物品是否齐全了。

确保儿童不遗忘物品的另一个策略是，传授在离开某个地方前先“转一圈”的“咒语”，不管是离开饭店、下公交车，还是离开学习区。离开前先在该区域转一圈，这样儿童就有可能看到忘记拿的物品。幼龄儿童特别喜欢“转一圈”，因为这个过程非常有趣。只不过，你需要确保他们是真的在寻找东西，而不是转着玩！

第十五章

设置家庭环境以支持执行功能的发展

结构化的家庭环境对教学和支持执行功能技能十分重要。如果家庭总是很嘈杂、难以预测且没有组织，那么儿童也会适应该环境，模仿这种无组织的状态。如果家庭总是很安静、积极、可预测且结构化，那么儿童也更有可能学习如何调节行为并执行那些利于成功的策略。

营造有利于执行功能教学的家庭环境

积极的家庭环境有一个特征，即儿童接收的反馈类型是积极的。家长很容易和儿童一起陷入唠叨的循环，导致儿童收到的反馈大多是纠正型的，而不是积极的。这就像，你每天去上班，而老板只注意你犯的错误，一直都在提醒你不要犯错，还在你犯了错后变得非常恼怒。这类反馈大多没有激励作用，或者可能有一些激励作用但令人不适，因为个体的动机变成了恐惧或不想失败，而不是成就感或为自己做得好的事情感到骄傲。

对儿童的行为给出反馈，应遵循“3S”法则：

- **具体的**（Specific）：不要说“做得好”，而要具体说明哪里做得好。要说“我喜欢你反复查看有没有带同意书的样子”，或者“我注意到，你没有扔东西，而是告诉我，你很受挫。谢谢你！”。这样，儿童就能知道自己究竟做了什么才得到了表扬。
- **真诚的**（Sincere）：儿童可以轻易看穿虚假的赞美。不要脱口而出一些虚假的赞美，也不要在表扬中加入任何讽刺的含义。如果你找不到可以评论的积极面，就请观察得更深入些。儿童可能成功地完成了一部分任务（比如，“为了写作业，你把桌子布置得很好。现在我可以帮助你开始写作业了吗？”），或者已经付出了努力，虽然你还没有看到期望的结果（比如，“我看到你在努力坚持使用计划表”）。
- **不定时的**（Sporadic）：如果赞美每次都会出现，它的价值就会逐渐降低。给出具体赞美的最佳时机是儿童刚开始学习某项技能的时候。一旦儿童已经掌握了这项技能，就可以偶尔给予表扬以表示你仍然喜欢这个积极行为，这样可以激励儿童继续这么做。

积极的家庭环境还有一个特征，即拥有多感官的学习环境。这意味着在教儿童如何完成涉及执行功能的任务时，需要结合视觉、语言和动觉进行教学。视觉的支持有助于提醒儿童其期望是什么，比如图表、日历、清单、图片和标签。家长还应该通过语言来传达自己的思考过程，以及完成任务时采取的各个步骤。这意味着，在你完成那些需要计划和组织等过程的任务时，要大声说出自己在做什么。儿童会通过观察你的行为和聆听你的话语进行学习。你对自己如何使用策略的理念谈论得越多，儿童学习的可能性就越大。在教授技能时要尽量详细，因为如果儿童能在潜移默化中了解这些内容，就很可能已经在不经意间开始使用了。

设置成功的家庭环境的最终要素是流程和一致性。你可能需要和其他家庭成员合作，执行对家庭中每个人都有帮助的流程。儿童的家庭生活的可预测性越强，结果越好。当然，你还需要教授儿童如何应对流程中的变化，但总的来说，流程能够给儿童提供生活的外部结构，因为其内部结构的发展还不足以应对所需承担的多项责任。

流程是你的朋友！

流程非常重要的原因在于，它能给予儿童一种控制感，还能让他们了解接下来会发生什么从而缓解焦虑。我们经常忘记考虑儿童的感受。想象一下，如果有人不向你解释为什么必须做某件事，或者没有预警地突然给你安排任务，你有什么感受。假如你被放进车内却没被告知要去哪儿，要去多久，或者什么时候能返回，那非常有可能引发你的焦虑！流程对于缺乏内部结构的儿童和青少年而言十分重要，因为他们的执行功能比较弱。那么，该如何在家庭生活中建立流程呢？

首先，明确想要开始建立的流程是什么。从一个流程开始，然后在这个基础上进行延伸。和儿童一起讨论你对流程的预想，看他们能否参与改进的过程。你可以说“我注意到我们经常早上迟到，所以最后我都会冲你喊，让你快点走。我不喜欢冲你喊，我们肯定可以找到让早上更顺利的办法。我们先一起制订一个流程吧”之类的。通过这种方式，你与儿童组成了“团队”，并且解释了行为背后的原理。但如果跳过了这个步骤，儿童可能只会觉得你在强行让他执行规则。如果你已经制定过流程却不怎么奏效，那么可以让儿童参与到问题解决过程中，一起讨论为什么这个流程没有效果。总而言之，你需要在以下时间段内建立稳定的流程：

- 晨间流程（比如，起床，收拾床铺，穿衣，梳头，吃早餐，收拾一天所需的材料，刷牙）
- 放学回家流程（比如，把书包和随身物品放回固定位置，吃零食，玩 15 分钟，布置写作业用的学习区，写作业，休息 15 分钟，完成家庭作业，获得奖励或自由时间）
- 家庭作业流程（比如，收集所需的材料，布置书桌，移开分心物，与家长共同制订家庭作业计划，先做最难的任务，休息，完成简单的任务，完成布置的阅读任务，获得奖励或自由时间）
- 晚餐流程（比如，暂停并把当前的活动放在一边，洗手，帮忙摆桌子，吃饭，清理饭桌）
- 上床睡觉流程（比如，洗澡，穿睡衣，刷牙，读书，关灯）

值得注意的是，一些儿童可能需要在转换到流程前得到一些提示或预警。你可以说“10 分钟后，我们就开始进入上床睡觉流程啦”之类的话，这让儿童有机会为转换做好准备。一些儿童可能需要一步一步地引导，另一些儿童可能需要额外的视觉支持才能进行转换。你可以为每个流程准备几张照片或者任务清单，然后问儿童：“下一个任务是什么？”对于那些拒绝遵守流程的儿童来说，对抗家长比对抗清单更简单，因此这可能是一项有用的策略。

停止关于家庭作业的斗争

没有什么比整个下午或晚上在与孩子为家庭作业而争吵更糟糕了。你可能觉得自己一直都在唠叨，而孩子觉得你特别专制和霸道，这对亲子关系是不利的。我们的终极目标是，让作业时间变成对每个人来说都更为愉快的体验。第一步是评估为什么会出现争吵。是家庭作业太简单了吗？太难了吗？太长了吗？没有意思吗？令人难以承受吗？儿童只能接受某些学科或任务，其他的接受不了吗？根据儿童遇到困难的原因不同，干预方法也会不同。你可以与儿童谈论他们对家庭作业的想法和感受。一些儿童可能会说“很无聊”或“我不喜欢写作业”，而你的任务就是进一步探究（比如，“哪个部分很无聊？”“有没有哪个部分不无聊？”“你不喜欢什么部分？”“你有喜欢的部分吗？”）。询问老师是否观察到儿童在某个科目或任务上表现出了抗拒，同时，你也可以咨询儿童在各个学科上的技能水平，确保他们不是因为缺乏理解力而无法完成任务。

事实

> 关于家庭作业对促进学习和成功的有效程度，研究结果并不一致。一些研究显示，这两者之间存在正相关；另一些研究则显示，这两者是负相关。还有一些研究显示，过多的家庭作业实际上会对学习造成不利影响。最近，一项研究分析了有关家庭作业的一百多篇论文，结果显示，家庭作业与学习之间的正相关性在高中阶段最为显著。

与儿童谈论家庭作业背后的理念也非常重要。家庭作业的作用是巩固或延伸儿童在学校里学到的技能，教授儿童责任，但最重要的是，它能给老师提供反馈，哪些概念已经被扎实掌握了，哪些还需要教学。如果把家庭作业界定为向老师提供信息，而不是儿童生活中必须面对的恶魔，那么他们可能会更愿意应对而更少出现反抗。你可以说“这能向老师展示你已经知道了什么，还需要学习什么”，这样，你就把儿童必须完美地完成家庭作业的压力卸下来了。作为家长，为了确保儿童完成所有任务，我们总是忍不住提供太多的帮助，甚至最后直接帮他们做了。但是，请考虑一下大局。如果你提供了太多帮助，其实是在拒绝向老师提供宝贵的信息，比如，其实儿童需要额外的支持才能掌握这些内容。

警示

注意，请不要把你对家庭作业的消极感受投射到儿童身上。当你把家庭作业界定为一项必须完成的消极任务时，儿童也很有可能产生这种印象。如果你能找到家庭作业的核心积极性（比如，教授责任心、强化技能以及学习有趣的事情），那么儿童也很有可能变得积极。

有时候，儿童总是在写作业时寻求你的关注，他们实际上寻求的可能是与你的联系。与其认为儿童应该独立完成任务，不如把写作业的时间当作一种与他们产生联系的途径。了解他们正在学习哪些内容，让你们有机会一起进行有趣的讨论。在共同经历困难的任务后，儿童会把你当成可以在他们的生活中提供支持的人。一些家长选择在儿童写作业的时候坐在他们旁边做自己必须做的工作。这种氛围可以向儿童发送一条明确的信息——每个人都有工作要做，但是有工作伙伴时，整个过程可能会更愉悦。

当然，有时候，你和儿童之间关于家庭作业的动力太过消极，以致到了一个不可逆转的点。可能，在连续好几年都坐在儿童身边指导他们一步一步地完成家庭作业后，你已经太过疲惫了，而他们也厌烦了你的存在，因为你的出现每天都在提醒他们无法独立完成家庭作业。一些家长选择从这个陪伴任务中抽身，让其他人给儿童提供支持。家长可能会雇用一位家教、教练、老师、年长的同伴或兄弟姐妹，或者请教育治疗师每周与儿童共事几次，以缓解紧张的亲子关系。你可以咨询学校是否有合适的资源。学校可能会有校外项目、免费的朋辈辅导，或者自习室，儿童可以在这里获得一对一的或小组的支持。如果经济条件允许，你也可以请学校推荐专业的家庭教师或教育治疗师，到家里支持儿童完成家庭作业流程。

事实

教育治疗师是接受过培训的专业人士，可以为有学习困难的儿童提供一系列专业服务。可以进入教育治疗师协会（Association of Educational Therapist）的官网，为儿童寻找你所在区域的教育治疗师。

还需要指出，有执行功能困难的儿童也可能被诊断为学习障碍、自闭症谱系障碍或者注意缺陷与多动障碍，因而可能需要对家庭作业进行调整。一些老师会根据特殊儿童的能力或者兴趣定制缩减的或不同的家庭作业，让他们能够更顺利地完成任务。有的学校会在普通的教育环境中提供类似的配置；有的学校则要求，只有正式符合特殊教育或504配置计划（504 accommodation plan）的儿童，才能获得类似的调整。你可以咨询儿童的老师、校长或者学校心理咨询师获得更多相关的信息。

疑问

什么是504配置计划?

504计划指的是《康复法案》(Rehabilitation Act）第504章以及《美国残疾人法案》(Americans with Disabilities Act)。这些法律要求学校为有障碍的学生提供特殊配置，以便他们能够有与其同伴相同水平的表现。如需了解更多的信息，可以上网查阅。

让孩子做家务

如果你不明白为什么孩子就是不做家务，那么请你想一下自己为什么不喜欢做家务。理由是一样的！大部分家务很无聊，或者通常有更有意思的事情可以做。虽然最后你会出于必要而去做家务，但对于儿童来说，很难想出一个必要理由让他们必须停止玩耍而去做不想做的事情。在家中，你可以设置许多支持以提高儿童做家务的概率。

时机就是一切。如果你在儿童正玩得高兴的时候让他去做家务，那么他有很大概率会说“我等一下去做！”，最终可能没有做完。你可以把家务加入日常流程，使家务被安排在有趣的活动之前。让儿童知道做完家务就能去做有趣的活动，更容易鼓励他们做家务。在时间上，你也可以允许一定的灵活性，比如在哪个时间段内必须做完哪些家务，然后指出儿童做完家务后可以做些什么（比如，“在接下来的半小时内，你需要把垃圾倒掉，倒完垃圾后可以看电视”）。这样，儿童就能选择什么时候完成家务，并且能学习到自己做得越快，就能越早开始想要做的活动。

有执行功能困难的儿童和青少年可能需要额外的动机才能完成家务。能够参与自己喜欢的活动就是一个极好的动力。其他可能包括：与家长在一起的特殊时间，邀请朋友过来玩，或者比往常晚一些上床睡觉，等等。年龄稍大一些的儿童可能会被酬劳吸引，也就是每天完成家务后可以挣到钱。根据你的舒适度，选择是否将给儿童支付家务费用作为家庭的一个选项。

你可能需要在公共区域设置一个视觉提示或者清单，这样儿童就能看到需要完成哪些任务，这些目标达成的频率应该如何。你可以从网上下载不同的家务表格，或者自行创作。你可以让儿童在一份简短的家务清单中挑选，以增加多样性。作为一个成人，你可能深有体会，有时候你很不想用吸尘器打扫，但你并不介意去洗碗；有时候，情况可能相反。儿童当下的心境可能是更愿意做某个家务，所以只要能完成所布置的家务中的一件就行，这种做法能够提高儿童做家务的顺从度。

第十六章

如何帮助孩子争取在校支持

养育有执行功能困难的儿童或青少年是艰难的。你发现自己在努力支持儿童，你尝试教他们在家中及学校内取得成功所需的技能，但经常被惹怒。这也是为什么寻求学校教职工的支持如此重要。你从学校获得的配合以及资源越多，你的人生就会越轻松，儿童体验到成功的概率也会越高。

搭建家庭和学校之间的桥梁

关于家校联合的研究结论很清晰：两者间的配合越积极，双向沟通越多，儿童的学习效果就会越好。这一结论尤其适用于有执行功能困难的儿童和青少年，因为他们在家庭与学校的相互转换上存在太多挑战，比如遗漏作业，拖延任务，忘带物品，对期望存在误解，沟通有误，等等。

与学校教职工建立合作关系的基础首先在于儿童的任课老师。在小学，建立合作相对容易，因为你可能只需要面对一位老师。如果儿童有多名任课老师，难度就会大幅上升。与儿童的所有任课老师都建立联系非常重要，实在不行，你也至少要和儿童不擅长的课程的任课老师建立合作关系。

建立合作的第一步是理解信任乃关系建立的基础。信任建立在对彼此专业的相互尊重之上。你的专长在于非常了解你的孩子，一些逸事资料可以帮助老师加深对孩子的了解。老师的专长在于精通儿童必须掌握的具体年级的学习材料以及对最佳教学实践的研究。你还需要了解，老师是在不完美的系统中工作的。他们可能知道对你的孩子来说最好的是什么，但是他们因为学校政策或课堂的现实情况（比如，人数过多、资源有限或者其他你可能没有意识到的因素）而鞭长莫及。你需要信任和认可老师很可能已经尽力在目前状况中做到了最好，这样才能与儿童的老师建立长远的合作关系。你给老师的支持越多，他们能够给儿童提供的支持也越多。与老师存在异议和争论，通常很难让孩子获得长远地取得学业成功所需要的额外温暖关怀。

要点

成为教室中的志愿者也是一种了解儿童每天在校内和校外都被期望做些什么的好途径。同时，这也能让你更好地了解儿童的任课老师，建立积极的关系，为合作奠定基础。

开始了解老师及其观念的其中一条途径是，在学年开始时确保你理解了老师布置的家庭任务以及课堂规则。老师能否接受迟交作业？如果作业晚交会被如何记录呢？如果考试表现得很差，学生能否重考？在儿童需要接受特别对待的事情上，老师是否有自己的规定，比如关于延长时间或者调整家庭作业？在某个学期内，学生是否需要做家长必须提前知道的大型项目？在学年开始前尽早提这些问题，这样有助于减少之后可能产生的误解，还能帮助你提醒儿童，老师的政策和规则是什么。

在学年开始时，你也需要与老师分享儿童的特殊需求，尤其要分享在你与儿童相处过程中发现的有效策略。此外，你需要告知老师，儿童是否在服药以及药物的潜在副作用，你还可以告知老师是否有其他专业人士在给儿童提供支持（比如，家教、教育治疗师、咨询师和精神科医生）。如果你觉得合适，也可以允许儿童的任课老师与这些专业人士进行沟通。为了实现这一点，你可能需要一份正式的信息发布同意书，你可以询问老师和专业人士是否有这份文件。

警示

孩子是你的全世界，你希望他得到最多的关注和支持，这一点是完全可以理解的。但是需要记住，班上还有许多其他孩子，他们都有各自的需求。你可以为儿童争取更多的权益，但同时也要认清现实，一位老师面对一整间教室的学生，他所能做到的事情是有限的。

防止沟通中断对维持你与儿童的任课老师或其他老师的良好合作关系而

言至关重要。在问题发生之前确定沟通途径非常重要。询问老师，他们倾向于用哪种沟通模式来分享信息或者解决儿童可能出现的问题，是短信、邮件、电话还是面对面谈话。大部分老师都比较喜欢用邮件，因为它很快且容易使用。一些老师可能倾向于使用沟通日志来评论儿童每天的表现，儿童会把这份日志带到学校，晚上再带回家。此外，你还需要确定沟通频率。你们保持联络的频率是每几周一次？每天一次？每周末一次？还是只在有需要的时候？总的来说，儿童的问题越严重，就越需要频繁和系统的沟通。沟通模式和手段在很大程度上是根据老师的喜好和时间限制来定的。一些老师会空出时间每天或每周给儿童写报告，一些老师则多在需要的时候进行联络。

特殊服务

有执行功能困难且患有某类具体障碍的学生，比如患有学习障碍、注意缺陷与多动障碍或者自闭症谱系障碍的学生，可能有资格在公共学校系统中获得额外的支持服务。有时候可以在普通教育环境中获得这些服务，有时候在特殊教育中才能获得。

普通教育支持

许多老师只是凭借良好的实践经验进行差异化教学。他们接受每个儿童，并为满足每个儿童的需求而量身定制自己的教学方式。这一点在班级规模较小时，或者是当老师接受过如何进行差异化教学或如何教有特殊需求的儿童等特别培训时，比较容易做到。差异化教学的示例如下：

- 调整作业以符合儿童的能力水平
- 对于困难的概念，让老师或家教提供额外的一对一预习教学、教学或者复习教学
- 优先的或者策略性的座位安排

- 给儿童提供在教室内活动或释放身体能量的机会
- 减少家庭作业（比如，如果儿童理解了某个概念，那么与之相关的数学作业可以减少一些）
- 调整家庭作业（比如，口头汇报而不是手写，用投影来替代口头汇报，或者根据儿童的水平布置作业）
- 向儿童提供讲义，让他们能够专心听课，不用担心跟不上记笔记
- 每日检查儿童的计划表
- 有额外的时间完成课堂任务
- 有额外的时间完成测试
- 有机会重新考试
- 开卷考试
- 在安静的没有干扰的房间内考试
- 在考试中间安排休息时间，让儿童能够在休息后重新集中注意力
- 在儿童一天中状态最佳时考试
- 调整评分（比如，对进步情况而不是最终的成果进行打分，提供加分的机会，根据完成情况评定及格或不及格）

你需要与老师谈论哪些方式适用于你的孩子，以及他是否愿意接受这类配置或者调整。你也可以要求与学校管理人员、学校心理咨询师进行一次正式的会面，讨论给儿童提供支持的方法。这种正式会面可能有许多不同的名称，比如有时候被称为“学生支持团队”会议、“学生成功团队”会议、“干预反馈”会议或者“服务协调团队”会议。不管会议的名称是什么，学校都应该设置这种比常规家长会更高一级的会议。它们更系统化，能够生成行动项目，有内置跟进会议，且有更大的责任。还有一个额外的好处，会议生成的文件能帮助你追踪儿童在几年内获得的进步情况。这样你就能了解，哪些方法是有用的，哪些没有用，还有什么干预方法已经尝试过了。

疑问

配置和调整之间的区别是什么？

配置改变的是环境而不是教学的内容，也不是儿童被期望了解什么内容。调整改变的是教学的内容，或者对儿童采用的不同标准。

你可能会询问有关 504 计划的内容。这项计划的名称来源于一条法律条款，它声明“有障碍的个体（包括儿童）必须接受配置，以确保学业成功以及与学习环境的接触权”。为了参与这个计划，个体必须被正式确认为“有资格”，因此你需要与学校确定整个程序。504 计划的好处在于，这是一份具有法律约束力的文件，适用于儿童整个学校生涯，让老师知道自己必须遵守哪些配置来确保儿童的成功。这类计划也可被用作标准化测试中配置应用的证据［比如，学术评估测试（Scholastic Assessment Test, SAT）、美国高考（American College Test, ACT）］。

事实

对于 SAT 或 ACT 等标准化测试中的配置，要求各不相同，你可以查看各自的网站确认具体的标准。大部分标准化测试的公司都会要求提供一份完整的心理评估，来证明配置的需求。因此，504 计划可以作为补充证据，但是只凭这一份证据可能不足以让儿童有资格获得配置。

特殊教育服务

你可能觉得，普通教育的支持不足以帮助孩子。特殊教育服务指的是在公立学校系统中提供的服务。特殊教育是一个项目，而不是一个“场所”。它是一个根据儿童的个别化需求定制的教育项目，其目标在于尽全力为儿童在最少限制的环境中学习而提供支持，也就是让儿童尽可能与接受普通教育的同伴在一起。这些支持的程度不一样，有的是安排特殊教育案例管理员检查儿童的进步情况，有的是让特殊教育教师进入课堂帮助儿童，有的是让特殊教育教师每天或每周在某个时间段内把儿童从普通教室带出以提供个别或小组支持，还有的是让特殊教育专业人员陪儿童参与一整天的课程。对于有严重需求的儿童，也会有特殊教育学校提供对应的支持。

支持的类型以及提供者在不同学校之间的差异非常大，但是往往第一步都是一样的：学校需要对儿童进行评估。评估的目的是确定儿童患有的障碍是否使他有资格获得相应的服务。因为并没有“执行功能障碍”的诊断分类，所以只有在儿童被确诊为特殊教育法规定的十四种障碍类别之一时才能获得特殊教育的服务。儿童只会在疑似的障碍领域接受评估。下面是美国《残疾人教育法案》列出的资格类别。

- 自闭症
- 视觉和听觉障碍
- 听觉障碍
- 发展迟缓（仅适用于 0—9 岁）
- 情绪紊乱
- 听力障碍
- 智力障碍
- 多重残疾
- 肢体障碍
- 其他健康障碍（包括 ADHD）
- 特定的学习障碍
- 言语或语言障碍
- 创伤性脑损伤
- 视觉障碍，包括失明

一旦学校同意对儿童进行测试，也就是当儿童有疑似的障碍并且普通教育的干预无法充分应对其需求时，评估团队会集结。评估团队一般包括一名学校心理咨询师和一名特殊教育教师（有的时候会是更专业的人士，比如言语治疗师、职业或物理治疗师，等等），他们会进行一系列的测试来判断儿童所患障碍是否属于能够获得服务的十四种障碍之一。测试的类别根据儿童可能患有的障碍类别而有所区别，但总的来说，它们会涵盖下列领域。

- **认知能力**（有时候以智商测试的形式开展）
- **信息加工技能**［可以在言语加工、视觉加工、记忆力、加工速度、语音加工（加工阅读所需的声音和符号）、视觉动作加工、注意加工等方面进行测量］
- **学业功能**（标准化成就测验以及对学生在课堂中的现阶段功能水平的评估，比如分数、作业完成率，等等）
- **社交情绪和行为功能**（学生对自己的想法和感受如何，与他人互动的状况，遵守规则的能力，在课堂上的注意力和活跃性，抑郁或焦虑的感受，等等）
- **言语和语言功能**（是否担忧语言发展或语用语言）
- **健康和发展**（包括视力和听力检查）
- **动作能力**（精细动作和粗大动作技能）
- **适应性技能**（自理技能）

在评估后，结果会在个别化教育计划（Individual Education Plan, IEP）会议上与专业人员团队进行分享，包括一位学校管理人员和一位普通教育教师。你会了解到儿童怎么样才能学得最好，其优势或需要支持的领域是什么，现阶段在课堂上的技能水平如何，是否有一些社交情绪的因素导致了他的困难。IEP 团队会确定儿童是否患有一种有获得服务资格的障碍。你还可以分享任何附加信息，包括其他专业人士给出的报告。你可能持有儿科医生、心理咨询师或者精神病医生向你呈现儿童患者障碍的文件（比如，注意缺陷与多动障碍、自闭症谱系障碍、抑郁症）。

有障碍是获得特殊教育服务资格的必要和不充分条件，认识到这一点非常重要。如果儿童存在障碍，那么团队还需要确定儿童的需求能否在普通教育环境中得到满足。也就是说，儿童是否真的需要特殊教育才能成功并跟上同年级同伴的进度？他是否在接受恰当的非特殊教育？团队中的每个成员都会根据是否符合第二条标准给出意见。

事实

《残疾人教育法案》(Individuals with Disabilities Education Act, IDEA）规定了哪些障碍可以获得特殊教育资格，以及如何为特殊教育学生提供服务。这条法律适用于 3—21 岁个体。如需获得更多相关信息，请登录相关网站查看。

如果儿童被判定为有资格的，那么团队会写一份书面计划阐述儿童患障碍的情况、学习优势及需要支持的领域、现阶段的功能水平、未来的学业目标、行为目标（如果需要）、可以安排的支持，以及任何可能需要的特殊配置或调整。该团队至少每年聚集一次以回顾儿童的进步情况，不过如果出现新的忧患，你也可以随时要求召开 IEP 会议。

警示

特殊教育的转介流程比较复杂且很耗时。在安排 IEP 会议来确定儿童是否有资格前，你至少需要预留几个月的评估时间。学校可能也会要求儿童先在普通教育中接受一段时间的干预，再考虑是否进行评估。你可以向学校心理咨询师询问更多有关学校如何处理整个流程的细节。

团队每三年对儿童进行一次重新评估，判断他们是否仍旧呈现出某种障碍，是否还需要特殊教育服务。有时候，这个过程也被称为“三年期评估”。这份评估更新了儿童学习和行为的优势以及需要支持的领域。儿童的行为和学习技能会因为发育、学习经验、干预以及环境的改变而出现一定程度的变化。比如，如果儿童最早是在小学接受的评估，那么在初中更新评估有利于更好地了解儿童在新的学校环境中的适应情况，以及判断是否可以对他学习的独立性提出更多的要求。

需要知道，三年期评估也是重新决定儿童是否有获得特殊教育服务资格的评估。在一些情况下，儿童会被视为不再有资格获得特殊教育服务。可能是因为儿童在学业上有了足够的进步，普通教育环境就可以满足他们的需求。或者，比较罕见的情况是，障碍的本质发生了改变，儿童不再符合障碍诊断所要求的全部症状。如果儿童不再有资格获得特殊教育服务，那么请一定与学校心理咨询师进行商讨。这样，学校心理咨询师就是一个宝贵的资源，让你可以了解障碍以及特殊教育的流程。大部分学校咨询师会同时负责多所学校，因此你可能需要询问学校对咨询师在校时间的规定。

事实

你可以在美国国家学校心理咨询师协会（National Association of School Psychologists）的网站上寻找有助于儿童学习和行为的资源，更深入地了解特殊教育的流程。

一旦儿童进入了特殊教育，你很有可能加入监督进展的过程中。有的时候，家长和老师会抱有希望，认为只要儿童接受了特殊教育，他们就很容易取得进步。不幸的是，并不是每次都能实现。你仍旧需要持续监督，争取并调整儿童的教育项目。唯一的区别是，现在你有了一个由专业人士组成的团队，他们都有责任且受到法律的约束去执行写在个别化教育计划中的服务。如果团队辜负了你的期望，或者儿童对设置的特殊教育并没有很好的反应，那么你可以召集 IEP 会议，共同讨论给儿童提供支持的方法。家庭和学校联合的原则同样适用于处于特殊教育中的儿童家庭——尊重 IEP 团队成员，找出彼此沟通的最佳途径，认可系统存在缺陷，同时共同建立一个合作的团队。

要点

特殊教育中的学生家长拥有许多权利，被称为“程序保障者”。在特殊教育程序开始时，你会得到一份文件，上面列出了你拥有的全部权利。仔细阅读，如果有不理解的地方，请询问你的团队成员。

支持向初中的转换

如果儿童正在读五年级或六年级，需要换新的学校，那么他们可能需要额外的支持。一般来说，小学和初中之间的主要区别是，儿童从有一位或者两位老师变成了有六七位老师。这意味着儿童需要在各位老师之间周旋，在不同的课堂之间切换，组织不同的材料，记住每节课要求的材料，将每节课需要的材料带回家，还要理解每位老师的规则和期望。

你的孩子可能第一次得到了字母形式的等级评分，而不是之前的“满意”或“有进步”等评价。他们很可能需要驾驭更大的物理空间，比如找到教室、锁柜，以及迅速判断每节课需要的材料。他们的通行时间可能比较短，又被要求按时出现在下一节课的教室中。组织的要求在增加，与此同时老师也期望学生能有更多的独立性。对于有执行功能困难的儿童来说，这种转换可能是非常困难的。

在与日俱增的组织要求之上，对于儿童应该如何在初中社交和行事，很可能有不成文的新“社交规则”。比起小学阶段，拉帮结派和内团体或外团体的界定更清晰，因为这正是儿童发展过程中试图尝试不同身份的阶段（比如，运动员、书呆子、酷酷的小孩、坏小孩或被排斥的人）。与此同时，儿童也开始玩社交媒体，比如 Facebook、Instagram、Twitter、Tumblr 和 Snapchat[1] 等网站。一些儿童在执行功能的社交情绪调节或冲动控制领域存在

1 上述均为社交网站的名称。

困难，他们很可能深陷于社交问题的纠葛之中。

警示

> 社交媒体的使用是一项重大的发展任务，大部分家长在年轻时都不需要抗争。你需要熟悉儿童正在使用的社交媒介，监督他们的使用，并教授合适的社交媒体技能，比如限制个人数据的公开，思考所发布内容可能带来的影响，以及理解不恰当的内容。

作为家长，你能够给此类大型转换提供的支持就是先期辅导。想一下你人生中出现过的重大改变——换工作、搬家、转行、重回学校进修、结婚、生育——回忆它们给你带来的兴奋与焦虑交织的复杂感触。从熟悉的小学转到新的未知的初中世界，孩子对此想必也是百感交集。他可能既为崭新的开始感到兴奋，又在担心未来会是什么样子的。承认这些情绪的出现是完全正常的。强调孩子可能还没有想到的初中生活的积极面，比如更多的课外活动、俱乐部、舞会、校内活动、运动，还有更多遇见新朋友的机会。有一个额外好处是，到了初中，如果孩子有不喜欢的老师，那么他们不需要整天都见到这位老师！

你还可以询问孩子所在初中的教职工，是否有机会或者项目让你们在入学之前参观一下学校。一些初中会在学校举办迎新日，或者让在校初中生到小学谈论初中与小学之间的差异，给出如何顺利度过初中的提示，等等。儿童对初中生活的了解越多，他们对升学的焦虑就会越少。如果儿童能够提前见到几位初中的任课老师，那么到了初中至少能看到一两张熟悉的面孔。想一下你自己在某个新社交情境中的时刻，比如大部分都是陌生人的聚会。还记得当你看到一个熟悉的人之后放松下来的感受吗？如果没有机会实地拜访初中校园，你也可以考虑买一两本关于如何在初中“生存”下来的书，这样儿童至少能对中学有哪些异同有一个抽象的理解。

事实

有一些研究表明，相比在六年级或者七年级的时候转换到新学校中，儿童待在从幼儿园直升到八年级的学校（kindergarten-through-eighth-grade school, K-8）是有好处的。哈佛的一项研究显示，比起那些上K-8学校的学生，中途换学校的初中生如果在数学和英语语言艺术上表现得比较差，那么他们进入高中后辍学的可能性更高。

支持向高中的转换

支持从小学向初中转换的许多策略也同样适用于从初中向高中转换。你可以与孩子谈论这次转换，提供先期辅导并且规划拜访高中的日程。提醒孩子，他已经有升学经验了，比如从小学进入初中，开始新的活动或加入新的俱乐部，搬家，等等。你们可以谈论进入高中后可能会面临的新机遇，比如，尝试一种运动，加入新的俱乐部，以及见新朋友。

要点

有时候，高中生的家长参与子女学校生活的比例会比早些年要少。然而研究显示，那些持续关注子女的活动并积极干预（比如，学校的任务、同伴关系网、在学校直接参与）的家长，其子女更有可能顺利地从初中转换至高中，他们在家庭和学校之间的总体沟通上也做得更好。

不过，还是需要在学业领域提供额外支持的。很多时候，在执行功能上存在困难的学生也会在学业表现上不尽如人意，因为他们较难在学校对技能进行持续练习，也无法稳定地完成家庭作业。如果你的孩子在某个具体技能领域出现滞后，比如阅读理解、数学或写作技能，你可能需要考虑在升学前的那个暑假，帮助孩子巩固这些技能。如果你有余力，也可以雇用助教进入教导中心，或者聘请一位教育治疗师与你的孩子一起工作。你还可以询问孩子所在的高中，是否有能够提升学业技能的暑期补习项目。这样，你的孩子就更有可能跟上高中越来越多的学习量以及越来越难的课程了。

第十七章

养育有执行功能困难的儿童

养育任何孩子都有起起伏伏的阶段。而养育有执行功能困难的儿童，一个需要教学甚至需要反复教授那些看起来非常基础的技能的儿童，所遇到的起伏会更多。你一定有失去冷静的时候，也应该有因为养育技巧和耐心而获得肯定的时候！起伏是在养育特殊儿童的过程中极为正常的部分，认识到这部分能够帮助你渡过低谷。“一切都会过去的”这句话会给沮丧的家长以力量，因为它在提醒家长，每件事情，不管好与坏，都是孩子人生中的一个阶段。同时，这句话也帮助家长思考，在儿童生活中，自己在支持他执行功能技能的发展上承担的角色是什么。

逐渐改变的角色

身为有执行功能困难的儿童的家长，你可能发现自己身兼数职。有一天，你可能在鼓励儿童不要放弃一份有难度的数学作业。然后，你变身为儿童的私教。接下来，你可能会退后一步让他独立完成任务。你给儿童提供的支持类型也会随着时间而发生改变，因为他们的发展需求出现了变化。比如，你不会像对待一年级儿童那样坐在十年级儿童身边帮他完成家庭作业（希望你没有）。对于一些家长来说，要确切地了解自己在支持有执行功能困难的孩子的过程中充当的角色，是有难度的。总的来说，家长在儿童发展的不同阶段所需充当的角色有以下几个。

家长作为指挥者

在儿童刚刚进入学校的前几年，家长所要承担的角色可能是指挥大师。你就像一位管弦乐团的指挥者，对儿童生活中的各个部分进行协调，比如学校、家庭生活、运动、约会以及课外活动。你需要照管儿童的日常安排，并提前为学校的特别活动和大型任务做准备。儿童需要依赖你才能进行时间管理、组织以及其他执行功能。

此外，你甚至需要协调儿童与其他所有人的互动——朋友、家庭成员以及学校的同伴。你需要确保儿童有和朋友们的聚会，并且帮他报名参加社交活动。你需要培养他潜在的兴趣，鼓励他尝试新事物。你可能还要为他安排特殊的服务，比如额外的辅导、指导和治疗。作为管弦乐团的指挥者，你需要负责确保儿童待在他需要在的地方，做他需要做的事情。

在这个角色中，你也在教儿童一些技能，你希望他有朝一日能够独立完成这些技能。你认识到，儿童只是还没有能力执行这些高层次的组织技能而已。你通常会通过向儿童展示和示范如何做这些事情，让他有机会尝试任务中的一小步或一小部分，来进行教学。比如，在协调儿童的聚会时，你不会把手机交给八岁的孩子让他做一个计划，而是会查看日程表中空余的时间，让孩子思考自己想要一起玩的同伴是谁，查找这位同伴的家长联络信息，然后打电话或者发邮件邀请对方参加聚会，并协调时间和地点。在整个过程中，儿童的角色可能只是提供玩伴是谁、玩什么、什么时候玩或者在哪儿玩。但是，你可以通过向儿童讲述制定整个聚会的流程以及提示事件的顺序进行教学。这种方法称为“引导式教学”，因为家长在引导儿童经历整个流程，但不期望儿童能够非常独立地完成每个步骤。家长作为指挥者的角色在一定程度上会在儿童的整个学校生涯中延续，因为需要一直引导儿童学习新任务。不过，这个角色通常会在学前和小学阶段占据主导性。儿童在执行功能上的困难越大，家长在这个角色中所处的时间可能就越长。

家长作为监督者

随着儿童的成长，家长的角色可能会从指挥者转变为监督者。这并不是说要让儿童独自处理一切事情，然后你只需要时不时地去检查一下。好的监督也包含引导式教学的要素，还有独立练习和检查。比如，如果期望儿童打扫自己房间，就不能仅仅要求他打扫然后返回检查，而是通过辅助或提示的方式开始整个过程。你可能需要给儿童提供一点线索，让他们想起自己需要做些什么（比如，“记住，在打扫房间时一定要清理三个区域。你还记得是哪三个区域吗？”）。如果这个线索还不足够的话，你可以进一步给出包含分步骤说明的提示（比如，“当你打扫房间时，首先去衣物区把脏衣服放进篓子里”)。如果儿童对线索反馈不佳，你就需要从提示开始。

要点

> 给出线索或提示和唠叨是有区别的，这个区别在于你说话的语气。给出线索和提示指的是，以清晰和中立的语气“提醒”儿童需要做的事情。唠叨的语气是长吁短叹，可能还带着生气的情绪，它一般起不到很好的效果。你可以想想儿童在商店念叨着让你买东西的时刻。你并不想买，是吧？

一旦儿童掌握了一项任务技能，你就可以开始消退线索和提示了。你可能只需要给出一个指令（比如，“打扫你的房间”），然后过一阵子返回检查儿童是否达到了标准。如果没有达到标准，可以重新给出线索（比如，“我看到你把衣服区和玩具区打扫得非常好！但是你有没有发现，你忘记了还有一个区域要打扫呢？”），或者提示（比如，“衣服区和玩具区现在非常干净和整洁，对此我感到很开心，现在我们去整理床吧”）。对儿童朝着目标顺利前进进行表扬非常重要，这样他们才能受到鼓励继续完成任务。想一下，你制定了一周去健身房 5 次的目标，但只去了 4 次，你的私人教练因此责骂了你。如果他能表扬你去了4次而不是责骂你第5次没去，就会让你更有动力，是不是？一定不要忘记表扬儿童朝着目标前进所付出的努力。

家长的监督者角色很可能主要出现在儿童写作业的时候。你不需要一直坐在儿童身边，而是为他制订完成家庭作业的计划（比如，他要先做什么，每项任务计划花多长时间，等等），然后时不时地回来检查他的进展。你可能需要在儿童开小差时重新引导他回到任务中，检查他完成了家庭作业计划中的哪些部分，或者确保他做的作业是正确的。你可能还需要在儿童快写完家庭作业时进行检查，帮助儿童评估是否完成了所有任务，是否都达到了标准。最后，你可以对儿童使用的组织系统提供支持，比如确保他把完成的作业放在家庭作业文件夹中“已做”的那一侧。

要点

以温柔的态度进行监督非常重要。比起被儿童视作关心的监督，粗鲁的监督（权威式养育）有更多的负面结果。消除儿童的疑虑，让他知道检查不是因为不信任他，而是出于关心，希望他能很好地完成任务并为自己的学习感到自豪。

有执行功能困难的儿童的家长处于监督者角色中的时间可能会比预期的长得多。一般来说，家长的监督会在儿童进入初中后逐渐消退，因为儿童在完成家庭作业和项目等任务上变得更加独立。然而，如果儿童在主动发起、维持努力、记忆力和自我调节等执行功能技能上都存在困难，那么过早消退监督可能是不利的。有一些研究者声称，有执行功能困难的儿童（比如ADHD 儿童）在执行功能任务上表现出的功能水平会比同伴落后两三年级。因此，在执行功能上存在困难的六年级儿童所需的监督和支持程度，可能比较类似于给典型发展的三或四年级儿童的。这意味着你对儿童学业任务的监督可能需要延续到他的高中低年级生活。当然，你需要监督多久取决于儿童所遇困难的本质。

警示

到了初中，一些儿童会逐渐开始拒绝家长的监督，并且可能会使亲子关系变得紧张。家长可以考虑寻找能够接手监督者身份的资源，比如学习技巧助教、年长一些的同伴、自习室或校外辅导项目，或者教育治疗师。

家长作为辅助者或支持者

一旦儿童在完成家务以及学业任务上表现出了一定程度的独立性，你就可以转变为辅助者的角色。作为辅助者，你不再需要像之前作为监督者那样频繁地检查儿童的进展，而是借助机会支持儿童并促进积极的结果。比如，如果儿童在某项任务上遇到了困难，如英语课布置的阅读一篇小说的任务，那么你可以对此提供支持。你可以询问儿童，是否愿意寻找一些可以替代的方法来完成阅读任务，比如下载有声读物在车里一起听，或者购买SparkNotes[1]、CliffsNotes[2]等软件，帮助儿童在阅读前先了解小说的中心思想，或者在阅读中检查自己的理解是否出现偏差。你的作用是，根据儿童的问题收集可行的解决方案，并且辅助儿童获得需要的资源。

警示

现在，许多高中都有网站可供家长随时检查儿童的成绩。由于家长对网站的使用方法不同，所以这既可以是培养亲子关系的重要工具，也可能是引发冲突的来源。如果家长还处于监督阶段，那么需要比较高的检查频率。如果家长处于支持阶段，那么可以降低检查频率，或者需要提前询问孩子是否可以检查。家长需要确保孩子知道，检查是为了在需要的时候提供支持。

你可能还发现，自己在某几门科目中只向儿童提供了辅助和支持，而在其他科目中则需要提供更多的监督。儿童可能在英语课和历史课上独立性比较高，但是在数学课和科学课上遇到的困难比较多。你可以寻求额外的辅导，或者鼓励儿童在老师的办公时间去请教问题。除了自己发邮件向老师询问儿童遗漏了什么作业，下一次大考是什么时候，或者儿童现阶段的成绩如何，你也可以鼓励儿童去做这些事情。如果他不太清楚应该如何开始，你可以帮助他修改邮件的草稿，但总体而言，儿童需要承担大部分工作。你就像是儿童的指导员，提示并指点他如何一步一步更好地完成任务。

1 文学指南类的一款应用软件。

2 学习指南类的一款应用软件。

第十八章

管理员还是微管理员

当你的角色和儿童的发展情况存在“错位”时，冲突就随之而来了。虽然幼龄儿童对你的指挥和监督没有太大的意见，但是年龄稍大一些的儿童可能会觉得你很霸道，对他造成了干扰。这是因为年龄稍大的儿童正处于寻求独立的发展阶段。来自家长的持续辅助、提醒和检查仿佛在时刻提醒他们还没有办法独立，这令他们很不愉快。他们希望能够自己做，即使这意味着可能会失败。这种想法可能会造成亲子关系紧张，因为家长害怕给儿童太多的独立空间会造成一些灾难性后果。寻求独立的儿童可能会表现出对抗行为、愤恨情绪，或者形成“习得性无助”，也就是他们变得什么都不做，因为他们知道爸爸或妈妈会帮他们解决问题。

要点

需要坚信一点，儿童对独立的需求会在多个不同发展阶段出现。但每个阶段，可能看起来不一样，但其核心特征都是儿童想对自己的成就感到自豪。儿童渴望独立的要求是非常正常的，认识到这点能够帮助家长理解为什么他们会拒绝帮助。

直升机式养育

“直升机式养育（helicopter parenting）”这个名词用来形容家长给儿童提供了太多帮助，而形成了一种不健康的养育动力。这种方式的特征是过度养育，比如不断发邮件给老师，代表儿童与老师争论成绩，整天打电话和发短信提醒儿童应尽的职责，让儿童参加各种他不喜欢但是有利于申请大学的活动，对儿童做的几乎每件事情都提供建议，帮儿童完成作业和项目，即使儿童的年龄已经不再需要监管，也不肯让他离开视线范围，在儿童即将犯错的时候在他身边徘徊并给予援助，等等。虽然这些意图是好的，但是研究显示，这种养育方式大部分来源于家长无法对自己的人生感到满足，以及对没能达成目标的焦虑和懊悔。

研究还显示，直升机式养育会对儿童造成一些不利影响。直观上来说，如果家长过度专横和过度保护，儿童可能会失去从失败中学习的机会。每位家长都希望自己能够帮助孩子避免失败的痛苦，但是这种痛苦也是有价值的。这种养育方式会剥夺儿童学习问题解决以及应对技巧的机会。研究显示，接受直升机式养育的儿童更有可能成长为焦虑和自恋的青少年，并且会在应对日常生活上出现困难。

没有哪位家长从一开始就打算成为“直升机式父母”。帮助自己的孩子是家长的本能。有执行功能困难的儿童比其他儿童需要的帮助更多，这是家长面临的一大困扰。儿童的责任感和独立性的发展速度各有不同，因此家长很难知道到底什么时候才是正确的撤退时机，而什么时候介入干预是必要的。总的来说，研究表明在给儿童提供帮助之前，家长首先需要问自己以下三个问题。

我的孩子明显需要帮助吗

确定孩子是否需要帮助的第一步就是询问你的孩子！家长经常会自我解读孩子什么时候需要帮助，但有可能实际上他们根本不需要。当然，也会有一些儿童不愿意承认自己需要帮助，但询问也可以作为一个好的起点。接下来，你需要思考，如果自己不提供帮助会发生什么。一定要注重现实。如果孩子没有完成家庭作业，实际上会造成什么后果？很有可能他会被扣分，但这是一个很大的问题吗？答案是：看情况。儿童是习惯性不交作业，还是偶尔才会出现问题？如果是习惯性的，那么你需要对此设置一个系统进行支持。如果这是一个偶然事件，那么可以让他告诉老师自己没有完成任务从而体验这个负面结果。

在社交领域，当儿童在和同伴相处中遇到困难时，你很可能会控制不住地想要介入帮忙。你可能想要打电话联系那个在网上发表刻薄言论的孩子家长。当你的孩子在游戏中表现得过于严格，或者孩子的同伴在以不公平的方式玩游戏时，你可能会觉得自己必须介入解决问题。在你介入前，先深呼吸一下，看孩子能否独立解决问题。现实情况是，大部分的同伴冲突在几分钟、几小时或几天内就能消散如烟。儿童，尤其是青少年，总会非常介意家长插手他们的友谊。提醒自己，有韧性的人能够自行解决冲突并应对失望和其他负面情绪，你需要让孩子发展出这些技能。

那么，什么时候才能介入呢？总的原则是，对于社交问题（比如，“谁和谁没有邀请我去生日聚会”“谁和谁告诉我休息的时候不能和他玩”，或者“谁和谁在我男朋友的社交账户上发表了一些轻浮的内容”），你至少需要等24小时再采取行动。当然，你可以倾听孩子的抱怨，也可以探查他会怎么应对这个情境，但是你需要控制住自己不要采取行动。因为你很可能会惊讶于这些冲突平息的速度有多快。

我的帮助是在辅助孩子还是代替孩子努力

当你的孩子遭遇困难时，比如完成科学项目，你很可能想抓起胶棒直接上手把任务做完。不幸的是，这种插手的方式在无意间会给孩子传递他还不够有能力的信息。为了让孩子开心，他们需要感受到自己的能力以及与其他人的联结。替孩子完成任务实际上对这两条标准都造成了潜在的危害，因为他可能会讨厌你的掌控。询问自己，你的帮助到底是在辅助还是代替孩子努力，这个问题的答案能够帮助你更好地理清思绪。一种能够提供帮助但又不完全掌控的方法是，询问孩子“有什么需要我帮忙的吗？”，听孩子说他觉得什么是有帮助的。他可能会说你什么都做不了，即使你并不相信这是真的，也要接受他的意思。然后，如果他最终还是失败了，那么你可以再问“有没有什么办法可以让我们避免得到这个结果？”“如果这个项目是一部电影，我们可以退回到哪个地方来改变结果？”之类的问题。这个过程能够帮助儿童为下一个项目的到来培养应对技能。

警示

> 如果你的孩子表现出了不交作业且拒绝帮忙的习惯性模式，那么你可以征求孩子老师的意见来制订应对方案。学校可能会有一些资源可以为孩子提供支持。

我的孩子愿意接受帮助吗

有一些儿童极度抗拒接受帮助。他们希望有自主权，并认为接受帮忙是一件不好的事情。他们可能对自己的短处十分敏感，而获得帮助就证明了他们没有能力做某件事情。或者，他们希望以自己的方式做事，你的帮助看起来没有作用。在这种情况下，你需要与孩子讨论你看到的问题（比如，现在是晚上 10 点而他还没有写完作业），并且引出他的想法，他希望如何与你共同解决问题。尊重孩子不想得到帮助的观点非常重要，但是进一步探查其中的原因也同样重要。他可能无法清晰地表达自己不想要获得帮助的确切原因，但是你可以发起对话，与他一同探讨。

你可以这样开始：把接受帮助这个概念变得正常化。跟孩子讲几个你自己的故事，关于你曾经一开始不想要别人的帮忙，但后来接受了他人的帮忙，最后非常庆幸自己这么做了的故事。告诉孩子，每个人都会在不同方面需要别人的帮助，举几个孩子是怎么帮助你的例子，你是如何帮助他哥哥的，等等。如果他能认识到每个人都需要帮助，那么求助这件事就不会让他觉得耻辱了。

还有一些儿童，虽然他们也不愿意接受帮助，但属于完全没有关系的情况。他可能希望能够按照自己的方式行事，并且也能在截止日期前搞清楚这种方式是否有效。如果有效，儿童就能够建立一些独立性和自信心。如果无效，就轮到你的教学时间了。比如，可能儿童认为自己能够不用计划表就记住所有任务。你想要帮助他记录作业，但是他说不需要用计划表而拒绝你的帮助。与其强行帮助，不如说这样的话："这是个有趣的想法。我们可以用两周的时间测试一下你的理论是否有效。如果你不需要写下来就能记住所有内容，那真是太棒了！如果我向老师核对，发现你有忘记的作业，那么我们再一起想个新策略，好吗？"这样，你既给了儿童机会尝试自己的方式，又设置了界限，使他在策略不奏效时仍然能够接受你的帮忙。

将你的大脑额叶借给孩子

家长要了解在什么时候需要提供什么程度的支持和帮助，以及在孩子的学业任务和社交生活中应该承担什么角色，但这难度非常大。当你的孩子同时存在执行功能上的困难时，挑战性会加倍，因为他们在独立学习以及社交技能方面通常存在滞后。这种情况会导致你插手的频率超过儿童的接受范围，因为孩子朋友的家长的管束很可能更宽松。

从本质上来说，当你帮助孩子学习执行功能技能（比如计划、组织、专注、自我调节学习任务和情绪、维持控制以及记忆力）时，你是在把你的大脑额叶借给他们。记住，额叶是大脑的中央执行系统，它能告诉我们做什么和怎么做。每当你与孩子谈论和梳理应该做些什么，提示或辅助他完成任务，或者一步一步地引导他完成复杂任务时，你都在把自己的大脑额叶借给孩子。

把你的大脑额叶借给孩子这个概念的重点在于“借”这个字。这意味着你必须给孩子提供学习的机会，因为你不可能永远扮演孩子大脑额叶的角色。他无法带着你进入大学或工作场所，让你为他计划一天的安排并帮他解决所有问题。虽然家长原本都知道这一点，但是仍然需要时不时地提醒自己，一场斗争的失败总好过整个战役的失败。你需要问自己，“我现在给孩子提供的帮助是否能教会他一项生活技能？”，以及“如果我这次不提供帮助，对他的长期学习有帮助吗？”。

如何恰到好处地撤去支持

家长很难找到正确的时机后退并让儿童尝试独自做任务。你可能已经经历过，在停止监督和引导后，观察到的结果差强人意。你可能因为儿童说想要更多的独立，而决定不再帮助他查看是否有遗忘的作业，结果遗忘的作业越来越多。或者，你可能决定让儿童体验忘记家庭作业所造成的后果，最后他的成绩一落千丈而行为却毫无改变。

“脚手架（scaffolding）”的概念可能有助于理解，如何在不会引发崩塌的情况下撤去支持。在建造一座房子时，第一件事情就是搭建地基。对于有执行功能困难的儿童来说，这个地基就是你！每天，你都需要在养育的过程中培养儿童所需要的基本技能，比如控制冲动、建立内部流程、学习如何解决问题，以及应对挑战。教师也会通过教授基础的学业技能，以及在学校环境中促进社交技能，来帮助儿童搭建地基或者说“支撑梁”。

要点

孩子的老师也是一个很好的资源，他们可以帮助你决定什么时候以及如何撤去支持。在得到孩子的允许后，你也可以联络老师讨论撤去支持的计划。让孩子加入整个过程以及一起制订最终计划是非常重要的，这样他才能知道新的期望是什么，以及如果没有实现这些期望会造成哪些后果。

为了成功地搭建一座房子，必须使用脚手架。这些脚手架是用来支撑结构的临时搭建物。在学习的场景中，脚手架就是支持儿童直到他们有足够的力量进行自主学习。这个比喻的关键点是，对技能的支持一定是暂时的。不过，在儿童拥有技能之前就撤掉脚手架的行为不可取，这会让之前搭建的所有东西开始崩塌。家长的任务是退后一步，站在长远的角度上看待自己的行为。你是否正在提供正确的脚手架？你是在教儿童技能还是在替他做？如果你撤掉支持，会发生什么？是否可以只撤掉一个领域的支持而保留其他领域的支持？你对支持的消退是否有计划？儿童的老师是否可以提供关于何时以及如何撤去支持的建议？问自己这些问题可以引导你弄清楚，应该在什么时候以及如何给儿童提供更多独立的机会。

高中结束：大学及以后

你可能已经听说过一些关于直升机式家长和他们的孩子的故事，他们会打电话给孩子大学的教授，试图为孩子争取更好的成绩，而他们的孩子在上大学后因为没有能力独立做决定而崩溃了。如果你的孩子即将进入大学，那么你需要有策略地思考，在他离开家进入“真正的社会”时需要哪些技能。如果你的孩子并不是去大学，那么你需要思考在各种场合中他作为一个功能健全的成人应该具备哪些技能。下面是年轻人在高中毕业后所需具备的一系列能力。

- 定闹钟以及准时起床（比如，去上课、上班或与他人见面）
- 能够记住约定和计划及其变动，保持着在日程表中记录事件和义务的习惯
- 按照规划行事，并且在规划发生改变时也能接受和适应
- 记账——收入、支出、现金流、账单截止日，建立一个储蓄和避免债务的系统
- 保持住所整洁，或者与他人同住时共同承担家务
- 洗衣服，做饭
- 每晚获得充足的睡眠
- 如果是在上大学，那么能够选择课程，管理多门学科和教授的不同期望，及时按要求完成任务
- 如果在工作，则能够应聘工作，按时上班，并且按要求工作
- 在交新朋友的同时，还能维系好与老朋友之间的友谊
- 建立新的支持网
- 探索如何约会
- 很好地利用时间，回避危险或违法活动

事实

根据美国国家教育局的数据，只有55%的大学生能顺利拿到毕业证。美国的大学招生率在工业国家中排名第九，但是大学毕业率排在末位。

也许你的孩子对于进入大学或工作岗位的印象是，需要自动承担责任。这个印象可能是对的，但不典型。能够预测未来行为的一个最佳指标是过去的行为，“江山易改，本性难移”。如果你的孩子在少年时期总是迟到，那么他进入大学后突然变得每次都能准时的概率是很小的。所以，该如何在孩子还在家的时候鼓励他发展出年轻人所需要的技能呢？

在浏览上述清单时，请你选择三项生活技能，这是你希望孩子有一天开启成人生活时能够具备的。与孩子谈论这三项技能是什么，并解释为什么你觉得它们很重要。你可以了解，他是否也认同这些技能的重要性，并且与他共同制订促进这些技能发展的计划。当孩子明白，这些是成为一个成功的成人必备的技能后，可能有助于他理解为什么你一直在身边告诫他要准时。

第十九章

如果你也有执行功能困难

有一句俗语说得好，“苹果不会掉在离树很远的地方”。这句话的意思是，有执行功能困难的家长很有可能也会养育出有执行功能困难的孩子。你可能注意到，自己小的时候也有孩子身上的某些特质。或者，你的伴侣可能会对孩了遇到的困难感同身受，因为他记得自己在上学的时候也遇到过类似的问题。实际上，你或你的伴侣可能仍旧存在某部分的执行功能困难，但是已经用其他技能很好地弥补了。不过，虽然执行功能困难存在家族史，但这并不意味着提升是毫无可能的。

基因与环境

双生子研究可以提供一些线索，关于执行功能的困难究竟是因为基因还是环境。研究者对同一养育环境中的同卵双胞胎（有100%的相同基因）与异卵双胞胎（大约有50%的相同基因）之间的相似性进行了比较。执行功能技能的遗传性有多大？也就是说，执行功能中的变化有多少是因为基因造成的？近期的数据显示，这个比例高达80%~99%！这个比例基本相当于身高和体重受基因影响的程度。这意味着，执行功能困难很显然存在家族遗传史。

这意味着有执行功能困难的家长生下来的孩子注定走上充满荆棘的人生之路吗？不见得。虽然这些数据显示执行功能困难存在家族遗传史，但不能显示个体对针对性培训的反应情况。研究表明，针对性培训能够改善执行功能技能。我们以体重为例。虽然体重的遗传率为75%~85%，但这并不意味着良好的饮食和锻炼无法对个体的体重造成影响。当然，个体需要锻炼和限制热量的程度是因人而异的，但事实上，环境也很重要。

示范的重要性

儿童学习的一个最根本的途径是观察。尤其在小时候，你会发现，他们几乎在模仿你的所有举动，不管好坏！他可能会抓起你的手机假装在通话或发信息，或者像你一样拿着梳子梳头发。或者，如果你站在椅子上够灯泡，下一秒孩子就立马站到椅子上去了。任何一个家长都知道要注意自己的言行。不然你会发现，孩子在模仿你用大人的口吻冲狗喊叫。

在儿童的成长过程中，他们依旧在通过观察来学习。研究显示，当你向孩子展示某件事情后，他不仅会照搬总体的目标，还会模仿你为了达成目标而执行的步骤。因此，你可能会发现，孩子在用与你一样的方式准备早餐，或者按照你展示的顺序穿衣服。儿童也可能出现延迟模仿，也就是他们会观察你的行为或者聆听你说的内容，之后再进行模仿。因此，你需要知道即使他们并没有立刻模仿你，模仿的过程仍旧在继续。到了某个时机，它就会以行为或言语的形式展现出来。

警示

患有自闭症谱系障碍的儿童在模仿上存在困难。如果你的孩子被诊断为自闭症谱系障碍，那么你会发现他并没有自动模仿你的言行，或者只模仿了你的部分言行，并以非功能的方式进行呈现（比如，反复说一个词而没有进行沟通）。向专业人士咨询其他能够教授并支持儿童的方法，这非常重要。

儿童模仿的榜样类型

在特定的情况下，儿童更有可能跟随榜样。首先，榜样与儿童越相似，儿童模仿其行为的可能性就越高。因此，儿童更倾向于模仿同性别和同龄的榜样。你可能会发现，女儿模仿妈妈的行为多于爸爸，或者儿童模仿兄弟姐妹或朋友的言行多于父母。

要点

你需要与孩子讨论同伴压力的积极面与消极面。讨论那些在学校表现很棒、有很多朋友并对他人也很友善的儿童，看看你的孩子注意到他们的哪些行为。谈论能够应对消极的

> 同伴压力的策略，比如关注自己的感受和信念，培养内在力量和自信心。

儿童和青少年也更有可能模仿“高地位”的榜样。这也是为什么代言产品的是名人而非普通人。相比于看到一个普通人穿耐克运动鞋，当你看到一位职业篮球运动员穿着它们表演令人惊艳的灌篮时，你会更加渴望模仿这种风格。尤其在青春期，高地位的榜样不一定是有名的人，也可能是一个很受欢迎的同伴。

儿童会注意到奖励和惩罚

当儿童因为模仿榜样做某件事情而得到奖励时，他们这样做的可能性就会更高。比如，如果儿童在轻轻地梳着玩偶的头发，就像你帮他梳头那样，那么你可以说，“我喜欢你温柔地和玩偶玩的样子”，这样下一次他也很可能温柔地帮玩偶梳头发。或者，如果你注意到儿童正像你示范的那样，把东西从客厅地板上捡起来，那么你可以奖励他玩 10 分钟视频游戏，这样他就更有可能再次把东西捡起来。

警示

> 到底什么才是奖励是因人而异的。有时候，你所认为的奖励对儿童来说可能并没有那么重要。一些儿童能受到言语表扬的鼓舞，而一些儿童更喜欢实质性的奖励。有一些奖励若频繁使用可能会令人厌倦。如果有人在你每次做了好的行为后都奖励你一块巧克力，那么你可能会觉得巧克力很无聊。问问自己：“你期望的行为在增加吗？”如果行为在增加，那么你提供的奖励是有作用的。如果没有增加，那么你需要更换“奖励”。

此外，儿童也会观察，其他人是否会因为某些行为而获得奖励或惩罚。他们更有可能做那些观察对象被奖励的行为，而更不可能做观察对象被惩罚的行为。这称为“替代示范”。如果你有多个孩子，你就可以利用这一优势。当你的孩子看到哥哥因为打狗而被罚站墙角后，他去打狗的可能性就会降低。或者，如果你的孩子看到姐姐毫无抱怨地连续洗了一周碗后拿到了报酬，那么他可能也会尝试不抱怨地做一些家务。

自我效能

通过观察进行学习（也称为“社会学习理论”）的其中一项核心原则是，个体的信念会影响对他人言行的模仿。你可能在观看奥林匹克花样滑冰运动员做了一个三连跳后，希望自己也能做那个动作，但你并不会真的立刻出门买一双溜冰鞋并开始尝试滑冰，不是吗？同样的，儿童也必须持有信念，认为自己能够掌握某件事情且能独立完成。促进儿童朝着目标努力的最佳方式就是给他们练习掌握技能的机会。这个目标不一定是三连跳，可以只是沿着溜冰场走一圈而不摔倒。每掌握一个新技能，都能给儿童自信，让他接着尝试下一个难度更大的任务。你一定希望尽可能地帮助儿童搭建获得成功的舞台。

你也可以让儿童观看某个已经掌握了某项技能的人的视频来促进社会学习，以此鼓励他掌握该项技能。比如，你可以向孩子提及某个有学习障碍的堂兄，他在每周接受教育治疗后成绩进步了。你可以鼓励孩子像另一个已经成功达成目标的人那样，采取同样的步骤。想想你曾自我怀疑的时刻，那时正是他人鼓励的话语促使你做出了尝试。

获得支持

儿童和青少年每天都在通过观察你的一举一动，来学习如何探索这个世界，并学习新的技能。理解并意识到这些是一回事，而让自己成为完美的榜样则完全是另外一回事！总有一些时候，家长没能达成自己的养育期望，也需要支持。所有家长都在借助自己拥有的工具，尽最大的努力。因此，如果你发现自己在养育上遇到了难以解决的问题，那么下一步应该是找更多的工具或者寻求其他人的支持。

自我意识

就像自我意识能够帮助儿童了解自己的优势以及需要帮助的领域一样，它同样能够帮助成人意识到自己的优势和劣势。如果你知道自己在时间管理上存在问题，但组织技能非常出色，你就可以让自己成为孩子在组织技能方面的榜样，然后在提升时间管理上寻求他人的支持。如果你不再每天早上因为起晚了，或者因为低估了在早餐前发一个“简短邮件”的时间，而身心俱疲地匆忙出门，那么整个家庭可能都会度过一个更平静的早晨。

教育你的伴侣

如果你和伴侣是共同养育孩子的，那么最好彼此间就各自的执行功能优势和劣势进行一次开诚布公的讨论。查看本书列出的“十大”执行功能技能，确定是否有能加以利用的优势，讨论如何应对双方的弱势领域。把自负心抛开，诚实地沟通彼此需要帮助的领域。就像我们希望孩子能够克服困难那样，我们也应该对自己持有相同的标准。你甚至可以考虑，每个月选择一项执行功能技能，并制定针对性的家庭目标，以实现共同进步。这个做法向孩子展示了，每个人都能够通过专注的努力和追求来提升自己的技能。

如果你离异了，那么可以和之前的伴侣聚到一起商量支持儿童滞后的执行功能技能的方法，这依旧非常重要。有的时候，组织和时间管理的困难会因为孩子不得不在两个家庭间辗转，或者因为需要遵守两套不同的规则和养育方式，而雪上加霜。也许你并没有机会与前伴侣开诚布公地讨论彼此执行功能的优势和劣势，但是你们或许能够坐下来，为支持孩子而制订一份共同养育计划。

警示

> 如果你在独自养育孩子，那么你可以寻求其他家庭成员或亲密朋友的支持，来帮助你想方法提升孩子在执行功能弱势领域的技能。其他人可能会想出你之前从未想到过的能够帮助孩子成长的方法。

照顾好你自己

你把自己照顾得越好，就越有能力应对在养育有执行功能困难的儿童时遇到的困难，这一点再怎么强调都不为过。养育有特殊需求的儿童要求家长在日常事务上有更多的精力、耐心和知识。你休息得越好，精神状态越健康，就越有可能成为更好的家长。有的时候，家长太过尽心尽力地照顾儿童，总是把儿童放在首位，导致很难专注于自身。然而，就像飞机上给出的安全警示，“在帮助其他人之前，先把自己的氧气面罩戴上”，如果你自己都“缺氧”了，儿童是无法得到足够的帮助的。

家长应该如何照顾自己呢？首先需要学习如何寻求和接受帮助。家长可以寻求邻居、朋友或家庭成员的帮忙。寻求支持可以让家庭的日常功能发生巨大的改变。如果你对寻求帮助比较抗拒，那么请提醒自己，大部分人都很享受提供帮助。回想一下你帮助他人的时刻，你很可能因为自己能够提供帮助而觉得很高兴。其他人也是如此。有的时候，你可能只是需要别人帮忙“临时看护”一下孩子。请朋友或亲戚帮你看护一下孩子，这样你就有一个晚上可以外出和约会，或者去上因为忙于照顾孩子的需求而没有机会参加的健身课。这些休憩的机会能够帮助你恢复能量，以便更好地应对养育中可能遇到的下一个挑战。

如果条件允许，你也可以考虑雇用帮手。如果有其他人能够帮忙承担你的清洁任务，你就能有更多空余时间。或者，你也可以雇用一位专业的组织者进入家庭，帮助你整理脏乱或没有秩序的区域，为你改善家庭环境制订一套组织系统。

要点

美国国家专业组织者协会（National Association of Professional Organizers）是一个致力于帮助人们把秩序与效率带入生活的非营利性机构。如果你需要更多相关的推荐及信息，请登录其官方网站进行查阅。

你也可以雇用家教、社区里的高年级学生或教育治疗师来辅导儿童写作业，这样你就能把精力专注在培养积极的亲子关系上，无须被家庭作业带来的争吵影响。你也可以考虑寻找一位心理咨询师，来培养儿童的执行功能技能以及应对技能。你也可以找一位家庭治疗师，帮助设立家庭目标，以及打破反复出现的不健康动力，让你能够拥有一个更积极、更快乐的家庭。最后，还可以让你的治疗师帮你增强自身的应对技能，以便更好地处理将来可能会遇到的养育挑战。

第二十章

培养韧性

随着儿童的年龄及年级的增长，外界对他们独立性的期望也越来越高。作为家长，你的任务是为儿童争取权益，帮助他在学校获得成功所需的所有支持。然而，总有一天，你必须教会孩子如何自己争取这些权益。假设你的孩子需要离开家上大学。想象一下，你希望他在那时具备哪些技能。你无法跟着孩子进入大学，以确保他获得充足的睡眠，不拖延，在学习上积极主动，或者很好地面对挫折。你能做到的就是趁他还在你的庇护下，尽可能地帮他做好准备。这也是为什么培养儿童的韧性非常重要。

在海上平稳前进与激流勇进

什么是韧性？韧性指的是从逆境中复原的能力。如果两个儿童在执行功能上遇到的困难相同，其中一个儿童即使面对这些困难也最终获得了成功，那么他就表现出了更佳的韧性。了解哪些特质能够促进韧性以及该如何提升这些特质是非常重要的。

打个比方，你不可能做到让孩子的一生都风平浪静，因此你需要给他提供抵抗风浪的工具。孩子的目标是，结合外部的支持与个人责任。有的时候，家长想让儿童过得轻松一点，这个意图是好的，却可能造成儿童过度依赖父母的局面。有的时候，家长希望把学校的环境变得“风平浪静”，于是无休止地向学校提出各种促进改变的要求。当然，每一位家长都希望为自己的孩子争取到最好的配置和支持，但也需要现实地考量学校能提供的支持程度。让儿童对自己的学习和行为负责是有价值的。为了达到平衡而找到“正确”的支持程度非常困难，重要的是，在尝试寻找这个平衡点的过程中，请时刻记住韧性这个概念。

成功的要素

为了帮助孩子打好韧性的基础，你需要知道哪些特质与克服学业困难并获得成功相关。越来越多的研究表明，某些性格特质比智力水平更能预测个体学业成功与否，尽管一直以来，排行第一的预测指标都是智商。好消息是，家长和老师能够帮助儿童培养获得成功所需要的这些特质。这并不是说，某些儿童天生具备有利于学习的性格特质，而其他儿童没有这样“全或无”的命题。事实是，如果你可以改变儿童面对困难的思维模式，你就能看到他们克服困难而逐渐进步的场面。

自我意识

自我倡导（self-advocacy）以及韧性都是从自我意识开始的。你需要帮助儿童理解，他们遇到的困难的本质是什么，让他了解自己在某些领域必须比其他儿童付出更多的努力。儿童对自己的学习及行为优势和劣势了解得越多，他们寻求他人帮助的可能性就越高，也会有更高的主观能动性，更愿意寻求需要的资源。你可以经常与孩子谈论，每个人都有不同的学习方式和优劣势。为了加深孩子的理解，你也可以讲述自己遇到的困难。此外，你可以上网查找患有某些障碍或者存在某些困难的名人，与孩子讨论他们的韧性。你们对障碍以及克服障碍的方式了解得越多，孩子就能更坦然地寻求自己所需要的帮助。

事实

佛罗斯特中心（Frostig Center）有一份为家长准备的“成功属性”指南，对如何支持儿童韧性提供了一些可行的策略，你可登录其官方网站进行查阅。

坚持和决心

在积极心理学领域，有关学习的心理学研究正在急速增长。这意味着科学家不再将研究重点放在所有会对学习和发展造成负面影响的因素上，而是专注于找到那些能够帮助个体在几乎所有状况中都可以学习并成长的积极特质上。其中一种特质就是乐观。乐观的人通常能迅速地从挫折中恢复，他们有着长久且愉快的生活，直面挑战而不是一味地回避。拥有积极的主观幸福感，能够带来更多积极的学习机会以及更高的满足感。

事实

你可以在宾夕法尼亚大学“真正的幸福（University of Pennsylvania's Authentic Happiness）”网站上，学习更多有关积极心理学以及与幸福有关的研究。你和孩子可以填写问卷，了解各自的核心优势并学习如何将这些优势与日常生活相结合，从而获得积极的结果。

在积极心理学的运动中，有一些特质与个体在学校中的成功显著相关。研究者安吉拉·达克沃斯（Angela Duckworth）研究了坚持的效果以及成功的动力，她称这种特质为“决心（grit）”。有决心的学生能在很长一段时间内坚持朝着目标前进，即使遭遇了失败和逆境。他们在实现目标上有着令人难以置信的毅力，从不轻易言弃。研究发现，比起个体的智力水平，决心在预测个体的学业成就以及大学毕业率上更重要。这意味着，即使存在学习和执行功能的困难，有决心的儿童和青少年也能成功，只要他们不放弃。

事实

儿童可以在网上搜索并填写“决心量表（Grit Scale）”来测量自己实现目标的毅力和热情。

情绪支持

执行功能困难经常让人感到沮丧，因为即使付出了最大的努力，还是有可能失败。能够克服失败的儿童和青少年，除了有着“决心”这种性格特质之外，还能很好地利用支持系统。寻求并接受帮助是个体在学业上获得成功的最重要的性格特质之一。那些愿意接近老师并很好地利用老师的办公时间，愿意接受助教辅导以及来自家长和专业人士的帮助的儿童，成功的概率更高。这意味着孩子需要理解他可以寻求帮助，聪明的孩子都会寻求帮助。你需要鼓励孩子利用好那些可以得到的支持。

另外一个有助于积极结果的方式是，在对挑战和失败的情绪反应管理上寻求他人的帮助。在生活中能获得至少一位成人的支持的儿童，通常在人生各个领域都有更佳的结果，比如学校、工作和关系等。成人对儿童的人生越支持，结果越好。应对学习和执行功能的困难并不是一件容易的事情，能与其他人谈论如何应对这些问题是非常有帮助的。这个人不一定是接受过培训的治疗师，只要他是一位支持的、不批判的、能够鼓励你的个体即可。当然，儿童和青少年也可以从专业治疗师那里获得帮助。当你回忆自己的人生中曾经遇到过的困难，以及克服这些困难的经历时，你很可能想起许多给你带来过帮助的人。与成人一样，儿童和青少年也需要情绪支持，因为他们可能并不具备处理和理解自身困难的技能。他们很可能觉得自己是“坏小孩”或“很愚蠢”。遭遇困境时，他们很可能缺乏应对的策略。因此，在为他们提供这些工具方面，家长及其他成人照料者承担着极其重要的责任。

思维模式

培养成长型思维模式是获得成功以及避免完美主义陷阱的最佳途径之一。研究者卡罗尔·德韦克（Carol Dweck）率先开展了一系列研究，证实个体对自身能力的看法会影响个体的实际表现。她把这些思维模式分成“成长型”和“固定型”两大类。成长型的思维模式认为，天赋是可以培养的，所有优秀的能力都是随着时间慢慢累积而来的，个体能够从失败中学习。完美主义者大多不会天生就具备这种思维模式，他们认为天才不需要任何学习，成功是理所应当的。他们强调的是即刻的且无须付出努力的完美。完美主义者通常都有着固定型思维模式，他们相信个体的天赋和能力是无法改变的——要么有，要么没有。如果是这样，你就不得不反复向自己证明，并试图让自己在不努力或不犯错的前提下看起来十分聪慧且有才华。德韦克做了一个实验，她事前给儿童灌输了成长型思维模式（在数学测试前，让他们学习那些没有与生俱来的才华却最终成了伟大数学家的案例）或固定型思维模式（在数学测试前，让他们学习那些“天才型”数学家的案例）。接受了成长型思维模式的那组儿童在测试中表现得更佳，即使他们的技能水平与固定型思维模式组的儿童是相同的。

事实

> 卡罗尔·德韦克有一个项目，教授家长、教育者以及学生如何培养成长型思维模式。读者可以上网查看。虽然这是一个付费项目，但是对初次使用者开放了免费试用机会。

德韦克以及其他研究者都已经证实，才华和能力是习得的，并且可以通过努力进行调整。他们为家长提供的实际应用建议如下。

- 对儿童的能力抱有成长型思维模式，与儿童分享那些付出努力后成为某方面的专家或者人才的案例。分享你自己是如何通过练习出现进步的故事。
- 表扬儿童付出的努力，而不是能力。不要说“你在数学上真有天赋！”（暗示：你必须表现出在数学上有极高的天赋，因此你不能犯错），而是说“你看你在解那些数学题上多努力！”（暗示：努力都是有回报的，你的数学技能会越来越好）。
- 把焦点放在儿童个人的最佳表现上，而不是要求他成为班级中最好的那个。还有，不要让儿童把自己与另一个已经花了很长时间做某项任务的人进行对比。儿童有时候会说类似于“你画得更好，你来画”的话。这种不恰当的衡量标准会让儿童在 8 岁时就出现完美主义的苗头，体会到失败的滋味。你可以这么回复：“我已经练习画画很长时间了，现在轮到你来练习画画啦！”

1∶5 法则

有执行功能困难的儿童和青少年一直在接收纠正性的反馈。纠正性反馈的例子包括“不要忘了家庭作业”“你需要再检查一遍那道数学题”。积极的反馈比较像是“你今天记住了家庭作业，做得很棒”“我喜欢你重新检查数学题并发现错误的做法”。即使纠正性的反馈是以积极的语调表达的，儿童也只能听到自己做得不对的地方，或者觉得自己做得还不够，没有达到标准。这对儿童的自尊心、自信心以及乐观都存在很大的影响。设想一下，如果每天工作的时候一直有人在旁边纠正你，你会是怎样的心情。

这就是为什么家长需要时刻记住自己给出积极反馈与消极或纠正性反馈的比例的原因。一般来说，这个比例大约为 1 ∶ 5，每给出 1 个消极或纠正的评论，就应该给出至少 5 个积极的评论。这听起来很容易做到，但是当你审视自己后会发现，你给儿童反馈的比例很可能是完全相反的，虽然你的本意并非如此。你可以收集一些数据，看看自己的反馈比是什么样的。例如，每当你给出了积极的评论后，你可以往右侧口袋中放一个小物品，如一枚硬币或回形针；每当给出纠正性的评论后，你可以往左侧口袋中放一个小物品。或者，你可以在纸上计数，或者在手腕上套橡皮筋进行统计，任何能够帮助你记录反馈比的方法都可以。经过几小时的统计，查看自己的反馈情况。如果没有达到 1 ∶ 5 的纠正与积极反馈比例，就要提醒自己多对儿童的表现做出积极的评论，努力把平衡点往正确的方向调整。

在养育有执行功能困难的儿童的过程中，时刻保持积极心态是很难的，但非常值得。因为你会成为一个更快乐的家长，你的孩子也会变得更快乐。积极的亲子关系是共同学习、成长以及享受彼此陪伴的前提。

附录

十大执行功能的支持清单

该附录可以作为家长的备忘录，在各项执行功能上针对性地帮助儿童或青少年。书中提及的策略被整理成了清单，以供家长在针对不同技能领域时分别加以使用。

发起任务的支持策略

- ❍ 在期待儿童开始一项新任务前，提供转换的提示或者“预警”陈述。
- ❍ 使用视觉提示（如计时器），向幼龄儿童展示还有多长时间需要开始一项新任务。
- ❍ 教授幼龄儿童“首先……然后……”“首先……接着……然后……”“之前……之后……”等语言概念，让他们理解什么是转换。
- ❍ 对于有着严重转换困难的儿童，通过展示下一项任务的图片或者照片等视觉支持对转换提供帮助。
- ❍ 在儿童成功转换到新任务之后，给出具体的表扬。
- ❍ 考虑设置一个实体的奖励系统，比如在儿童完成了你要求的任务后利用贴纸表提供奖励。
- ❍ 鼓励儿童描绘某项任务完成后的场景，让他思考任务完成后会感受到什么样的积极情绪。
- ❍ 在断定问题为发起任务困难之前，先确保儿童知道如何做该项任务。
- ❍ 将较大的任务分解为更能把控的小任务。
- ❍ 允许儿童在决定先做什么任务上有更多的选择空间。
- ❍ 教授完成任务的目标设定，帮助儿童反思哪些对完成任务是有效的，哪些是无效的。
- ❍ 设置一个没有电子产品干扰的家庭作业区域，确保儿童有一个稳定的家庭作业流程，同时规定家庭作业完成的时间。

- 教儿童或青少年为什么拖延的循环会那么难以打破（为了保护自尊心）。
- 教儿童或青少年主动发起积极自我对话任务（比如，不说“我永远都无法完成这篇论文”，而说“我先开始写主题句，然后看情况”）。
- 与儿童或青少年共同协商，在写作业期间关于社交媒体和科技产品的使用规则（比如，只在休息的时候使用，在完成之前都不能联网，需要用计算机的作业要在公共区域的计算机上完成，为家庭作业设置一个无科技产品的空间，等等）。

反应抑制的加强策略

- 鼓励总是冲动阅读和频繁犯错的儿童大声朗读，找出自己的错误。
- 使用有趣的游戏教授自我控制，比如“红灯停，绿灯行”或者“西蒙说”。
- 寻找儿童冲动行为的警示信号，尽早介入应对策略或者提示期望的行为。
- 详细教儿童你希望他做些什么（比如“等轮到你的时候”），而不只是你不希望他做什么（比如“不要打扰我”）。
- 捕捉儿童做出恰当行为的瞬间（比如，有耐心，在使用东西前先征求许可，等待自己的次序）并立刻表扬。
- 寻找儿童在学业任务中犯错误的模式（比如，算加法而不是减法，写作时没有用标点符号），与儿童的老师谈论能够帮助改正这类错误的策略。
- 教儿童可以用来检查错误的次序或者学习流程。
- 教儿童如何仔细阅读家庭作业的指令。与儿童一起把要求说出来，确保她知道任务包含的全部步骤。

- ❍ 教儿童颜色编码以及标记重点的策略，以便专注在工作表、家庭作业或者阅读任务的重点信息上。

专注策略

- ❍ 通过告诉儿童，你观察到她专注时会出现哪些行为，以详细地教她“专注”看起来是什么样子的。
- ❍ 为了教授专注的自我调节，家长可以考虑把计时器设置为随机的时间间隔，然后让儿童在每次时间到了之后记录刚刚是否专注。
- ❍ 当有多个需要完成的任务时，允许儿童自己选择先专注做哪项任务。
- ❍ 鼓励儿童一次只专注做一项任务。向他分享“多重任务”会对学习和成绩造成负面影响的研究。
- ❍ 设定学习时间内禁止媒介使用的基本规则。把使用媒介当作休息，而不是放任它成为持续的干扰物。
- ❍ 在学习或写作业期间关掉电视。即使是电视背景声，也会干扰个体的专注。
- ❍ 当儿童必须专注地完成一些有认知难度的任务时，需要限制音乐的使用。如果他坚持听音乐，那么必须是纯音乐。
- ❍ 鼓励并教授儿童什么是正念——在一段时间内练习专注在一件事情上，不管是专注于呼吸、某句话还是某个意象。

时间管理策略

- ❍ 准备出门的时候，为了培养良好的时间管理，你可以帮助儿童视觉化“准备好了”看起来是什么样的。

- 在你要求儿童做好准备之前，鼓励她在脑海中描绘出自己“准备好了”的样子。
- 对于年龄较小的儿童，你可以把“准备好了”的场景拍下来，在下一次提出要求时使用。
- 教儿童以分组而非清单的方式思考自己需要准备的事物。分组可能包括个人卫生、食物、学校事务、个人物品以及校外活动。
- 鼓励儿童在前一天晚上把需要的物品准备好。
- 为了避免儿童在吃饭期间分心，规定饭桌上不允许出现任何玩具或电子产品。
- 让儿童预测每项家庭作业需要多长时间完成，并在完成后查看实际的完成时间。与儿童讨论你观察到的模式。
- 让儿童在学习区域使用指针式时钟而非电子表。你可以让他在时钟上用便利贴标记需要开始工作的时刻，这既可以作为视觉化的提示，也能帮助他更好地感知时间的流逝。
- 帮助儿童将大型任务分解为可以掌控的小任务，并预估每个部分需要多长时间。
- 一些儿童比较喜欢“争分夺秒”的游戏，也就是用计时器预设好时间，在计时器响了之后评估作业的进度。
- 教儿童如何使用计划表，不管是手写形式的，还是电子版的。
- 张贴家庭日程表，用它来教授计划和时间管理的技能。

工作记忆的提升策略

- 让儿童重复指令，检查他的理解程度。
- 通过一次只提供一个步骤来缩短复杂的指令。
- 教儿童写下长指令中包含的步骤，用纸张或电子设备进行记录。
- 鼓励运动和正念练习，这两者都能改善记忆力。

- 在你给出指令或者信息之前，提醒儿童需要听什么来启动记忆。
- 教授记忆策略，比如信息“组块”（例如，按类别而不是单个信息进行思考）、记忆术和联想法（一些比较聪明的信息记忆方法）。
- 通过鼓励多感官学习策略来帮助儿童记得更好，比如将视觉和听觉信息搭配起来。
- 如果是需要死记硬背的内容，那么教儿童如何使用卡片或在线游戏（比如，Quizlet[1]）来培养对内容的回忆，而不只是再认。
- 鼓励儿童通过回顾自己的笔记、教科书以及补充材料来制作学习指南，并教他如何把重要的概念梳理出来。
- 教授儿童精加工的记忆策略，也就是把新的信息和之前已经知道的信息联系起来。

灵活性的提升策略

- 当儿童受困于某个无效策略而无法解决问题，或者对事物的发展固执己见时，向他介绍“重启”概念。鼓励儿童休息一下，进行“重启”。
- 教授儿童在“重启”间隙可以使用的冷静策略，比如深呼吸、散步、正念练习、听最喜欢的歌等。
- 教儿童感受类词汇，在他被困住时帮助他命名自己的感受。
- 在儿童停滞不前时，教授“自我对话”和“思考中断法”的技巧。比如，将“应该”的表述改成“有的时候”。
- 阅读那些能够灵活思考的儿童的故事，与你的孩子进行讨论。
- 对于那些会因为改变而生气的儿童，如果在日程中有已知的改变，你可以提供预期指导或“预警”，让他们提前做好心理准备。

1 一款学习应用软件。

- 做出小的、可以掌控的改变，教儿童如何进行应对。这让他们能够做好准备以面对大的改变。
- 如果儿童因为某个改变或者因为无法按照他的方法来做某件事而崩溃，那么你需要让他冷静下来，稍后再讨论这件事、他的感受以及下次可以采用哪些不同方式。

自我调节策略

- 在阅读中，教儿童在阅读时视觉化所读的内容。比如，他可以将之描绘成一部电影，或者将自己读到的内容画出来。如果无法描绘，那么他可能读得不正确或者不记得自己读了什么。
- 教儿童如何把个人经历与阅读的内容建立联系。可以鼓励年龄稍大的儿童将正在阅读的内容与其他读过的内容或者世界上发生的事件联系起来。你可以让儿童把这些联系写下来或者告诉你。
- 教儿童在开始阅读前先问自己想要学习什么以及阅读的目的是什么，以便帮助他更专注。
- 在阅读过程中，儿童可以问一些澄清类问题，他们可以把问题写下来或者与你讨论。
- 对于幼龄儿童，鼓励他们预测书中接下来会发生什么。教他们如何寻找那些能够预测未来情节的线索，一起猜想并验证其正确性。
- 通过先对主题进行讨论，来教授好的写作准备策略。询问儿童对该主题已有的知识、存在的疑问以及有关写作的想法。然后，可以教他如何列提纲，也可以鼓励他创建信息组织图。
- 为了防止“文思枯竭”，可以教儿童进行“心理对照”的写作准备活动，也就是让儿童把自己写作时会经历的阶段写下来。然后，制订一个计划以克服在完成写作任务时遇到的任何困难。
- 询问儿童的老师该体裁（比如，读书报告、议论文、说明文）是否有范文，是否有必须写的内容。梳理该体裁的核心要素，帮助儿童理解他必须完成哪些部分。

- 询问儿童的老师对写作任务是否有评价标准。这样，你与儿童就能知道写作需要专注在哪个部分，最终评分的点是什么。这给写作内容提供了架构和指南。
- 教儿童把写作的想法写在卡片上的组织策略，然后把这些卡片按照主题进行分类，建立主题的中心思想。
- 以有趣的方式练习基本的数学运算，比如在线游戏、应用软件以及数学的音乐化。
- 帮助儿童把数学题分解为可掌握的步骤，并对每一步进行强调和讨论。
- 教授问题解决步骤，帮助儿童“梳理”解题所需步骤。其中一种次序是“理解、计划、解题和检查”。
- 使用线上学习工具，针对儿童存在困惑的数学概念进行教学。
- 理解游戏和自我调节之间的角色。鼓励幼龄儿童参与假扮类和想象类游戏。甚至可以与儿童制订一个“游戏计划”，一起讨论游戏所需的材料以及你会扮演的角色。

教授情绪的自我控制

- 不要只教基本的情绪词语（比如，伤心、生气、快乐和害怕），也要教情绪范围以及存在细微差别的情绪词语（比如，恼怒对比暴怒）。
- 通过命名自己的感受以及大声说出你将如何应对，向儿童示范情绪调节过程。
- 用书本教儿童感受类词语，讨论人物的感受，并让儿童将这些感受与他们自身的经历建立联系。

- 当看到儿童正在感受某种情绪时，可以通过帮助命名该情绪来培养儿童对情绪的意识。使用“注意和探索”策略，你可以温柔地帮助儿童理解自己的感受（比如，“我注意到，你因为没办法拿到一块饼干而撕坏了我的文件。我在想，你是不是觉得很沮丧、失望或生气。你能再多告诉我一些你的想法吗？”）。
- 如果儿童在遭遇强烈的情绪后行为失控，那么你需要命名并认可该情绪，然后对他应该做什么（而非问题行为）给出清晰的指令。
- 如果儿童的情绪正在爆发，那么你需要示范冷静的策略，同时用肯定和自信的声音纠正他的行为。
- 频繁检查儿童的感受。你可以记录儿童的感受并绘制成图表，来建立他对事件、想法、感受以及行为之间联系的认识。
- 教儿童家庭规则，比如保证安全、有责任心以及尊重他人。在儿童打破规则的时候提醒。同时，当儿童很好地管理了情绪或者做出了遵守家庭规则的行为时，你需要给予表扬。这能帮助他更好地意识到自己的感受和行为。
- 了解儿童情绪或者行为反应的“导火索”或预测指标。在看到了导火索后，你可以尝试“注意和探索”策略，鼓励儿童采取应对策略，以防止全面崩溃的局面。
- 对不恰当行为的惩罚应该用自然结果，而不是人工的。

教授完成任务的技巧

- 对于短期任务，鼓励儿童想象任务完成后的结果，以及随之而来的积极情绪。
- 把承担家务看作尊重家庭的表现，对自己能够负责任而感到自豪。向儿童阐述完成每项家务背后的理念。
- 为每个家庭成员需要完成的家务提供视觉提示，并让儿童在决定希望负责的家务项目上有一定的选择权。

- ❍ 确保儿童能够独立完成家务，或者需要教儿童完成家务包含哪些步骤。
- ❍ 尝试把家务当成游戏，或者头脑风暴一下，找找有没有让家务变得不那么无聊的方法。
- ❍ 在要求儿童完成家务之前，先讨论对其完成质量有哪些期望。
- ❍ 将大的家务活分成一系列小的部分。
- ❍ 考虑为家务的顺利完成采用奖励表。
- ❍ 对家庭作业应该在何时、何地、以何种形式完成保持一致的期望。
- ❍ 根据儿童的精力和节奏规划完成家庭作业的时间。
- ❍ 为儿童设置一个不受干扰的学习区，鼓励或者规定家庭作业必须在该区域内完成。家庭作业区不应该有电视机及其他科技产品的干扰。
- ❍ 检查儿童当晚所需完成的任务和“准备就绪”的任务，综合分配完成家庭作业的时间，共同决定完成任务的顺序并预估每项任务所需的时间。在任务完成后，思考整个家庭作业完成的过程。
- ❍ 你可能需要帮助儿童在长时间的家庭作业中规划休息时间或者提供小的奖励。
- ❍ 与儿童共同制作目标图表以记录成功的过程。你可以在儿童达到目标后提供奖励。奖励不一定是需要购买的，它可以是一种特权的延伸。
- ❍ 将长期阅读任务分解为短的、更易掌控的小任务，与儿童共同制订阅读计划。
- ❍ 如果老师规定儿童必须每晚阅读多长时间，那么可以制作阅读日志或者图表，让儿童在完成阅读环节后，在上面做标记。
- ❍ 探索适合儿童的配置和调整，比如提前拿到阅读任务，或者下载有声读物供儿童边看书边听音频。
- ❍ 帮助儿童站在长远的角度完成长期项目，将其中涉及的每项任务列出来，为每项任务设定多个分段截止日期并在日程表上做标记。

提升组织力

- 教儿童使用“每件事物都有其归属”的咒语，来记住要把自己的随身物品放在恰当的位置上。
- 使用标签或者物品的图片作为物品放置的视觉提示。
- 为儿童每天清理空间的任务规定具体的时间。
- 通过教授如何以系统的方式处理东西，来帮助儿童进行大扫除（比如，把物品分到三个篮子里——要扔的、要送人的、要保留的）。
- 将“每件事物都有其归属”的策略也应用到整理书包中。帮助儿童分配书包内的空间，分门别类地放置物品。
- 考虑在家里放置第二套教科书，这样儿童就不必每天记住自己需要带哪本教科书回家了。
- 设置清理书包的流程，可能是儿童刚从学校回家的时候。询问儿童哪些东西应该放在哪里，以及他的文件归档习惯是什么，而不是直接替他整理。
- 帮助儿童构想一套归档学校文件的系统。询问儿童的系统是什么样子的，帮助他精简。帮助儿童决定哪些文件需要保留，哪些文件需要回收。
- 帮助儿童对各门学科进行颜色编码（比如，数学、英语、科学），每门学科所涉及的材料都用对应的颜色统一编码（比如，书皮、文件夹、索引卡、便利贴）。
- 帮助儿童制作家庭作业“要做—已做”文件夹，把要做的家庭作业放在一侧，已经完成的家庭作业放在另一侧。
- 鼓励儿童使用计划表。帮助儿童找到最能符合其需求的计划表形式。不过，我们更推荐能够一眼看到周计划或月计划的日程表，而不是只能看到日计划的。这种设置能够让儿童更好地了解接下来的安排。你可以频繁地检查儿童计划表的使用情况；如果可以，也请儿童的任课老师帮忙查看。

- 为了帮助儿童记住需要经常携带的重要物品，你可以为这些物品安排一个“家”，并列一张每天都需要携带的物品的清单（比如，钱包、手机、钥匙）。
- 为了帮助儿童记住那些并非每天都需要携带的物品，你可以鼓励他在脑海中按照类别想象需要的物品（比如，运动用具、学校相关、食物）并与实际携带的物品进行比对。
- 教儿童在离开某个地方时先“转一圈”的策略，检查是否有遗漏的物品。